外贸业务全流程

从入门到精通

孟文涛 朱芸芸 ◎编著

化学工业出版社
·北京·

内容简介

本书全面而深入地阐述了外贸工作的基础理念、操作流程及专业技巧。全书共10章，第1章聚焦外贸行业的整体态势，包括市场需求分析、产品知识解读以及行业规范概述；第2章详细阐述从事外贸工作所需掌握的基础理论知识，如专业术语、交易单证等；第3章至第10章深入到外贸业务的实际操作层面，内容涵盖客户开发、订单谈判、合同签署、风险管理以及售后服务等多个关键环节。此外，还特别关注了外贸业务向跨境电商领域转型的策略。附录中还提供了贸易行业最新税收优惠政策解读、信用证的基本格式、外贸业务中常用的英语口语等参考资料。

本书有助于外贸从业者了解外贸业务流程，快速熟悉外贸业务，为成为行业精英奠定坚实基础。本书适合外贸新手、在职外贸人员、跨境电商从业者、企业经营管理者、企业培训及咨询人员阅读和使用、也可供高等学校对外贸易、财务管理等专业师生做为教材使用。

图书在版编目（CIP）数据

外贸业务全流程从入门到精通/孟文涛，朱芸芸编著．—北京：化学工业出版社，2023.9
ISBN 978-7-122-43615-3

Ⅰ.①外… Ⅱ.①孟…②朱… Ⅲ.①对外贸易-业务流程　Ⅳ.①F75

中国国家版本馆CIP数据核字（2023）第101742号

责任编辑：卢萌萌　　　　　　　　　　文字编辑：赵　越
责任校对：李雨晴　　　　　　　　　　装帧设计：王晓宇

出版发行：化学工业出版社（北京市东城区青年湖南街13号　邮政编码100011）
印　　装：大厂聚鑫印刷有限责任公司
710mm×1000mm　1/16　印张12¾　字数244千字　2024年6月北京第1版第1次印刷

购书咨询：010-64518888　　　　　　　　售后服务：010-64518899
网　　址：http://www.cip.com.cn
凡购买本书，如有缺损质量问题，本社销售中心负责调换。

定　　价：59.00元　　　　　　　　　　　　　　　　版权所有　违者必究

前言

2020年以来,受国际国内复杂环境的影响,全球外贸行业受到严重冲击,但我国是复苏最快的主要经济体之一,也是全球唯一实现货物贸易正增长的国家,2020年全年进口、出口规模均创历史新高,货物贸易第一大国地位进一步巩固。而这对于从事外贸行业或想创业的个人而言无疑又是一个机会,尤其是线上外贸,依然是最受青睐的创业项目。

同时,国家也根据新形势实施了一系列外贸新政。作为从事外贸的工作人员需要在最短的时间内学习和掌握,以便使用好新政策,降低企业成本,应对复杂的外贸市场形势。

本书正是顺应上述需求而编写的。全书共10章,第1、2章主要介绍了外贸行业当前的发展现状和从事外贸业务的人员应掌握的基本知识,包括市场知识、产品知识、行业知识、推销知识等;基础知识包括常用专业术语、交易凭证。第3~10章分别阐述从事外贸活动时,外贸人员需要从事的各项工作,包括业务流程、客户获取、与客户磋商谈判、签订合同、售后工作、免抵退税、风险防范,以及目前绝大多数外贸企业都在积极开拓的跨境电商等。附录部分包括三项内容,分别为贸易行业最新税收优惠政策解读、信用证标准模板及外贸英语常用句式,借助二维码形式呈现,读者可随时扫码,获取更多相关信息。

本书从多角度、多层面,全面阐述了外贸工作的方法、步骤和技巧,同时在写作中也体现出了三大特色。

第一,实用性

本书是一本实用性非常强的外贸业务类书籍。一方面有助于外贸新人学习外贸知识,快速入行;另一方面,让更多已经从事外贸的管理人员,深入学习更多知识，拓展产品推广与营销渠道，提升外贸业务量。

第二，简明性

本书语言简洁明了，没有死板的理论，只有具体方法、步骤和技巧。同时，结合大量案例，紧贴实战。在行文上本着简单易懂的原则，利于读者阅读，便于读者在最短的时间内了解外贸知识。

第三，可操作性

本书图文并茂，采用表格、示意图、案例解析等形式，一步步向读者拆解各类外贸业务的操作流程，解决外贸从业人员的各种业务痛点，可操作性较强，适合有一定经验的外贸创业者、外贸经理、外贸业务员及相关从业人员阅读。

对于作者观点、本书所有图文，读者在阅读过程中若发现不妥之处，还望批评指正。

目录

第1章 入行前提：深入了解外贸行业市场状况 / 001

1.1 了解行业与市场 / 002
1.1.1 做好市场分析 / 002
1.1.2 摸清行业脉络 / 003

1.2 外贸从业者需要具备的素养 / 005
1.2.1 了解产品知识，选定主打产品 / 005
1.2.2 弄清贸易规则，选择贸易对象 / 006
1.2.3 抓住顾客心理，明确顾客需求 / 007
1.2.4 精通外贸英语，满足基本交流 / 008
1.2.5 掌握销售技巧，精准推销产品 / 008

第2章 基础知识：熟悉业务中常用术语和单证 / 010

2.1 掌握贸易术语 / 011
2.1.1 贸易术语的意义 / 011
2.1.2 贸易术语解释通则（2020年版本） / 011

2.2 贸易术语分类 / 012
2.2.1 适用于任何单一或多种运输方式的术语 / 013

	2.2.2 适用于海运和内河水运的术语	/ 022
2.3	熟悉外贸单证	/ 031
	2.3.1 外贸单证的作用	/ 031
	2.3.2 信用证	/ 032
	2.3.3 进出口许可证	/ 035
	2.3.4 原产地证明书	/ 036
	2.3.5 报价单	/ 037
	2.3.6 汇票	/ 038
	2.3.7 发票	/ 044
	2.3.8 装箱单	/ 046
	2.3.9 提单	/ 048
	2.3.10 保险单	/ 052
	2.3.11 检验证书	/ 056

第3章 业务流程：商品出口业务全流程 / 058

3.1	备货：下订单进入采购和生产阶段	/ 059
	3.1.1 备货前的准备工作	/ 059
	3.1.2 对备货进行审查和检验	/ 060
	3.1.3 向进口方发送备货通知单	/ 060
	3.1.4 筹备资金的途径	/ 061
3.2	运输：畅通外贸运输通道	/ 063
	3.2.1 国际运输的特点	/ 063
	3.2.2 常用运输方式及其优劣势	/ 063
3.3	保险：将运输风险降到最低	/ 067
	3.3.1 外贸保险的种类	/ 067
	3.3.2 合同中的保险条款	/ 071
	3.3.3 合同保险条款的拟定	/ 073
	3.3.4 货物保险条款的规定	/ 073
3.4	报关：向海关申报出口	/ 075

3.4.1　报关范围　　　　　　　　　　　　　　　　/ 075
　　　3.4.2　报关步骤　　　　　　　　　　　　　　　　/ 075
3.5　交货：与客户交接货物　　　　　　　　　　　　　　/ 077
　　　3.5.1　必须按约定如期交货　　　　　　　　　　　/ 077
　　　3.5.2　保证按时交货的4个条件　　　　　　　　　/ 077
3.6　收汇：从客户那里收钱结汇　　　　　　　　　　　　/ 079
　　　3.6.1　收汇的方式　　　　　　　　　　　　　　　/ 079
　　　3.6.2　汇付流程及类型　　　　　　　　　　　　　/ 079
　　　3.6.3　托收流程及类型　　　　　　　　　　　　　/ 081
　　　3.6.4　议付　　　　　　　　　　　　　　　　　　/ 082
　　　3.6.5　远期支票支付　　　　　　　　　　　　　　/ 083

第4章　获取客源：综合利用渠道获取客户资源　　　/ 084

4.1　利用B2B平台　　　　　　　　　　　　　　　　　　/ 085
4.2　自建网站　　　　　　　　　　　　　　　　　　　　/ 088
　　　4.2.1　企业自建网站的作用　　　　　　　　　　　/ 088
　　　4.2.2　建立专业化的自建网站　　　　　　　　　　/ 088
　　　4.2.3　自建网站如何吸引客户　　　　　　　　　　/ 090
4.3　利用搜索引擎　　　　　　　　　　　　　　　　　　/ 090
　　　4.3.1　搜索引擎工具的优势　　　　　　　　　　　/ 090
　　　4.3.2　使用搜索引擎的诀窍　　　　　　　　　　　/ 091
4.4　利用电话　　　　　　　　　　　　　　　　　　　　/ 092
　　　4.4.1　利用电话寻找客户的优势　　　　　　　　　/ 092
　　　4.4.2　给客户打电话的五个小妙招　　　　　　　　/ 092
4.5　利用国际会展　　　　　　　　　　　　　　　　　　/ 093
　　　4.5.1　外贸交易会面对面沟通更有效　　　　　　　/ 093
　　　4.5.2　参加外贸交易会的注意事项　　　　　　　　/ 094
　　　4.5.3　参展中如何与客户交流　　　　　　　　　　/ 094

第 5 章 磋商谈判：做好营销推广，打赢谈判之战 / 096

5.1 与客户磋商：明确买方的合作意向 / 097
5.1.1 磋商的内容 / 097
5.1.2 磋商的阶段 / 097

5.2 产品介绍，让客户充分了解产品 / 099
5.2.1 FAB利益销售法，提炼产品的卖点 / 099
5.2.2 推荐产品要注重"精"与"巧" / 100
5.2.3 从附加值切入，提高产品宣传效果 / 100
5.2.4 视觉营销，用冲击力帮你拿下客户 / 101

5.3 报价还盘：掌握技巧，别让价格阻碍成交 / 102
5.3.1 影响产品报价的四大因素 / 102
5.3.2 做好产品的合理定价 / 103
5.3.3 写出有竞争力的报价单 / 103
5.3.4 做出专业回复，反还盘也能与众不同 / 105
5.3.5 产品价格报错了怎么办 / 106

5.4 异议也是突破口，消除疑虑才能助力成交 / 107
5.4.1 客户异议不可怕，关键是解决分歧 / 107
5.4.2 从客户的异议探寻其真正意图 / 107
5.4.3 将心比心，妥善处理双方的分歧 / 108
5.4.4 心平气和，不用争辩解决异议 / 108
5.4.5 遇到意外麻烦，要做好危机公关 / 109

第 6 章 签订合同：订立书面合同，谨防欺诈行为 / 110

6.1 订立书面合同 / 111
6.1.1 国际贸易合同的作用 / 111
6.1.2 国际贸易合同的内容 / 111
6.1.3 国际贸易合同的特点 / 112
6.1.4 签订合同时避免口头协议 / 112

6.2 甄别合同条款 / 113
6.2.1 合同常见条款 / 114
6.2.2 条款要全面且详尽 / 114
6.2.3 注意合同条款的细节 / 115
6.2.4 合同条款的更改 / 116

6.3 依法订立和履行合同 / 116
6.3.1 依法订立合同 / 116
6.3.2 严格履行合同 / 117

6.4 谨防合同欺诈 / 117
6.4.1 什么是合同欺诈 / 117
6.4.2 合同欺诈的三大手法 / 118
6.4.3 合同欺诈和合同纠纷的区别 / 120

6.5 避免FOB合同陷阱 / 120
6.5.1 谨慎签订FOB条款 / 120
6.5.2 使用FOB条款存在的弊端 / 121
6.5.3 两大陷阱：无单放货和无船承运人 / 121

6.6 共同海损与单独海损 / 123
6.6.1 预估意外事件 / 123
6.6.2 如何界定共同海损 / 124

6.7 保留贸易往来的书面证据 / 125
6.7.1 注意保留证据 / 125
6.7.2 留存的证据类型 / 125

6.8 无单提货及其法律责任 / 126

6.9 延迟交付及其法律责任 / 127

第7章 完善售后：做好售后服务，提升客户体验 / 129

7.1 做好售后服务，提高客户满意度 / 130
7.1.1 提升企业服务质量 / 130

	7.1.2　可以助推良好口碑	/ 130
	7.1.3　客户要求索赔，要怎么处理	/ 131
7.2	重视客户体验，提升订单转化率	/ 132
	7.2.1　订单是"跟"出来的	/ 132
	7.2.2　打电话是基本素质	/ 133
	7.2.3　从外贸员视角读懂客户心理	/ 133
	7.2.4　有效地影响客户做决定	/ 134
7.3	给客户写一封高质量的外贸信	/ 135
	7.3.1　为什么要写邮件？	/ 135
	7.3.2　标题让邮件脱颖而出	/ 136
	7.3.3　设计邮件形式	/ 136
	7.3.4　掌握邮件撰写技巧	/ 138
	7.3.5　4C原则回复邮件更有效	/ 139
	7.3.6　做好细节，轻松为邮件加分	/ 140

第8章　免抵退税：利用税收优惠政策降本增效　/ 142

8.1	外贸企业税务的痛点	/ 143
	8.1.1　利润虚高	/ 143
	8.1.2　企业进项成本票不够	/ 143
	8.1.3　税率高，所缴税种多	/ 144
8.2	贸易行业税收优惠政策	/ 145
	8.2.1　出口企业退税资格的认定	/ 145
	8.2.2　税收优惠政策的内容	/ 146
8.3	税收优惠政策实施范围	/ 147
	8.3.1　进口企业	/ 147
	8.3.2　出口企业	/ 148
	8.3.3　新创企业	/ 149
	8.3.4　外商投资企业	/ 149
	8.3.5　从境外进入保税区的货物	/ 150

8.4 免退税实操 / 151
8.4.1 免退税对象 / 151
8.4.2 退（免）税的税种 / 153
8.4.3 出口货物退（免）税的税率 / 153
8.4.4 出口货物退免税的计算方法 / 155
8.4.5 免退税的几个时限 / 156

第9章 风险防范：杜绝运输隐患，减少货物损失 / 157

9.1 国际海运风险防范 / 158
9.1.1 国际海运的风险种类 / 158
9.1.2 国际海运各个环节的风险评估 / 158
9.1.3 防范海运风险的常用方法 / 161

9.2 信用证风险防范 / 161
9.2.1 外贸出口的信用证风险简析 / 161
9.2.2 外贸出口信用证风险的防范 / 162
9.2.3 信用证交易中发生拒付时应采取的措施 / 163
9.2.4 反信用证诈骗的措施 / 165

9.3 外汇风险防范 / 165
9.3.1 外汇风险的种类与构成要素 / 165
9.3.2 外汇风险的识别与衡量 / 166
9.3.3 交易风险的防范策略 / 167
9.3.4 会计风险的防范策略 / 168
9.3.5 经济风险的防范策略 / 168

9.4 国际结算风险防范 / 169
9.4.1 常见国际结算方式 / 169
9.4.2 不同国际结算方式下的风险 / 170
9.4.3 谨慎选择结算方式以规避风险 / 171
9.4.4 不同结算方式的风险防范 / 171

第 10 章　接轨跨境电商，足不出户做遍全球生意　/ 173

10.1　跨境电商发展遇契机　/ 174
10.1.1　跨境电商发展进入新阶段　/ 174
10.1.2　国家政策扶持下的跨境电商机会　/ 175

10.2　转型进出口跨境电商需要解决的4个问题　/ 176
10.2.1　平台　/ 177
10.2.2　供应链　/ 177
10.2.3　流量　/ 177
10.2.4　支付系统　/ 178

10.3　进出口跨境电商的运营　/ 178
10.3.1　跨境电商的概念和特征　/ 178
10.3.2　跨境电商的优势　/ 179
10.3.3　跨境电商的运营模式　/ 180

10.4　当前环境下跨境电商发展的局限　/ 181
10.4.1　成本居高不下　/ 181
10.4.2　缺乏完善的管理和监督体系　/ 181
10.4.3　地区发展不平衡　/ 182
10.4.4　服务能力弱，综合竞争力有待提高　/ 182

附录1　贸易行业最新税收优惠政策解读　/ 183

附录2　信用证的基本格式　/ 188

附录3　外贸业务中常用的英语口语　/ 188

参考文献　/ 189

第 1 章
入行前提：深入了解外贸行业市场状况

外贸企业在入行前应做足准备工作，深入市场，做好市场分析，摸清行业脉络。学习产品知识和外贸基本知识，了解产品，弄清贸易规则，精通外贸英语，能满足与客户的最基本交流，掌握外国客户的心理和销售技巧，精准地抓住对方需求。

1.1 了解行业与市场

1.1.1 做好市场分析

每一个准备进入或已经进入外贸行业的企业，首先必须做的一件事，就是进行市场分析，充分了解自己所处的行业环境与市场发展现状。

市场分析指的是通过外贸市场调研，来多维度分析和判断此外贸市场是否值得自己进入。具体办法包括网络搜索相关资料、咨询行业内外人士、对行业进行实地考察等。

与国内市场不同，国际市场错综复杂、瞬息万变，一旦一个关键节点的信息没有被发掘，就很可能在未来成为企业的潜在隐患。对于那些计划进入新市场的外贸人而言，做好外贸市场分析这一步骤绝不能省略。

国内曾有一家一直做内销的公司A想要尝试做外贸，并确定了目标国家B。由于对B国缺乏了解，盲目之下选择了当时对B国消费者而言还很小众的一款产品：蒸汽拖把。然而，就在他们信心满满地开始把产品投放向B国的时候，却发现每月的外贸询盘只有十多个，而且质量还很差，最后，不得已草草结束该项目。

后来，A公司管理层经过自我分析与反思后，把最主要的失败原因归咎于：前期缺乏对B国市场进行调查与分析。公司领导层当时一心只想着规避B国其他巨头垄断的市场，只关注了竞争对手的威胁，却完全忽视了买方需求，导致盲目选择了对B国消费者而言小众的产品，这也最终成为他们业务开展的最大掣肘。

综上可见，建立合理的信息渠道与来源，适时捕捉和利用信息，充分开展市场分析，才能全面把握市场变化，及时规避市场风险，最大化发现市场机遇。

为了确定某一外贸市场是否适合进入，通常在如图1-1所示的3个方面展开市场分析。

图1-1 确定是否进入某一外贸市场的分析工作

（1）国家宏观环境分析

分析目标国家外贸市场首先要对该国家的宏观外贸环境进行分析，尤其是当我们计划进入一些此前完全不了解的新兴国家时，要从政治和经济两大方面进行分析。前者，即调查分析目标国政权稳定情况、与我国外交关系、进出口贸易政策与海关政策等。后者，即调查分析目标国经济发展与稳定情况、宏观经济规模与结构、与我国的经贸合作情况等。

以上信息，可以在我国驻目标国家的大使馆或经济商务处、目标国家财政部或商务部、联合国商业贸易数据库或海关数据等处找到。

（2）行业分析

行业分析也称竞争对手分析，指调查外贸市场中的竞争格局以及市场状况，目的是确定自己是否能在目标国外贸市场中具备核心竞争力。

主要分析目标国市场上该产品有多少品牌与厂商，近年来新进入的厂商有多少家，头部品牌有哪些，它们的市场集中度情况，它们采取什么样的营销策略，定价在什么区间，什么类型的产品最畅销等。

具体将在1.1.2中详述。

（3）目标用户分析

在做完以上两方面分析后，我们大概已经可以判断自己是否能在目标国家外贸市场里拥有竞争力和市场机会。

接下来，我们要做的就是了解目标国家目标用户的习惯与偏好，勾勒用户画像，洞察目标客户的潜在需求以及与该产品相关的地域文化，这一步骤就被称为用户分析。

开展用户分析，通常可以通过查看友商的用户反馈、海外论坛等渠道进行，如表1-1所列。

表1-1 用户分析渠道

类型	内容概述
查看友商用户反馈	在跨境电商平台上，找到同行的买家评论，发现用户不满意的理由，以及未被满足的需求，以此进行自我检视
通过海外论坛调查分析	通过Facebook、Linkedin、Twitter、Pinterest、Instagram、Quora等论坛，搜集用户信息，或通过留言、讨论、投票、提问等方式直接与用户接触

1.1.2 摸清行业脉络

在外贸领域，行业分析的主要目的是：发现自己在某一或某些目标国家某一外贸市场中的核心竞争力，通常从两个方面进行。

（1）产业分析

产业分析，指的是对目标国某产品所在产业链的分析，目的是定位自己产品在产业链中所处位置和潜在机会，如目标国相关产业政策、产业规模、产业发展态势是上升还是下降，本地厂商在该产业中所处的地位等。通常有3种途径获取，如表1-2所列。

表1-2 产业分析途径

类型	内容概述
目标国产业分析报告	通过目标国产业分析报告获取，当然这些报告可能会收费，但在免费的信息概览或预览板块，我们也可以获取一些亮点信息
数据网站	一些数据网站也能提供部分外贸市场的产业信息概览，如Statista
谷歌趋势	输入关键词，选择目标国家，可以快速获取目标国某产品的热度趋势，还可以查看每个省份的热度排行，以此确定未来的"主攻"市场

（2）竞争对手分析

行业分析，就是针对同行竞争对手展开的分析，目的是调研目标国外贸市场的竞争格局，主要可以通过五种途径开展，如表1-3所列。

表1-3 竞争对手分析途径

类型	内容概述
行业报告	通过第三方咨询公司发布的行业报告，可以了解较为完整的行业概述和相关对比分析
跨境电商平台	现在最大的跨境电商平台仍是美国亚马逊公司，其他平台有ebay、全球速卖通、Shopify、Esty、Wish等。以亚马逊为例，当分析墨西哥某产品的行业现状时，更换亚马逊官网"所在国家/地区"至"墨西哥"，输入产品关键词，可以看到所有销往墨西哥的该产品的商家，即公司的竞争对手。再点击感兴趣的商家，选择"About Us"界面，可以查看商家与上架产品信息，做具体的竞品分析
谷歌搜索	在谷歌中输入"国家/地区+产品"关键词，查询相关竞争对手的报道
同行论坛小组	海外许多社交媒体平台上的同行交流小组里，可能存在我们的同行友商、上下游合作伙伴，与他们交流可以了解行业信息
同行流量分析	想调查企业所在行业地位、份额比重时，可以通过流量监控平台进行分析。如使用流量监测平台similarweb来分析苹果公司在美国的市场地位。结果如图1-2所示

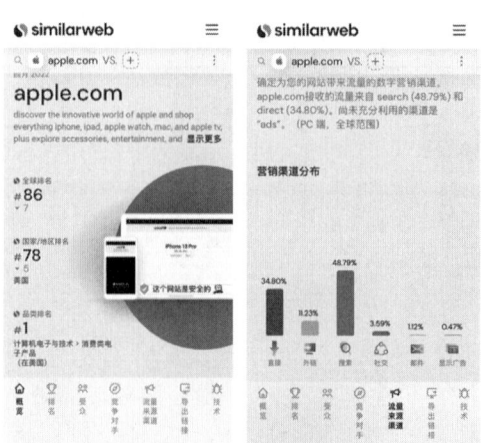

图1-2 使用similarweb流量监测平台监测苹果公司官网流量

1.2 外贸从业者需要具备的素养

1.2.1 了解产品知识，选定主打产品

业内曾有句广为流传的话："选品占七分，营销占三分。"足以见得，对于外贸来说，产品的选择有多重要。作为一名外贸从业者最基本的要求之一就是"吃透"产品，从而高效并准确地选定主打产品。可以从如图1-3所示的7个方面来了解自己的产品。

图1-3 选定主打产品需了解的7个方面

（1）价格优势

首先需要确定在目标国家产品是否有价格优势。比如，我国作为制造业大国，在传统的服装、电器、机械等行业有价格优势。

同时，可以去亚马逊、ebay等跨境电商平台，或谷歌搜索引擎检索竞争对手在目标市场的零售价格。注意零售独立站、跨境电商平台查到的价格是面对消费者的最终零售价格，我们应该在成本价基础上，加上预计的进口关税、增值税、进口代理手续费、目的港港杂费、目的国港口或机场到客户公司仓库的内陆运费等，再与最终零售价相比较，查看是否存在足够的价格优势与利润空间。

（2）产品所在行业前景

在经过（1）步骤大致框定了目标产品后，还需要关注产品所在行业的前景。我们应该多关注新兴的朝阳行业，比如新能源行业、环保行业、医疗养老行业等。这类行业发展前景广阔，客户潜在需求量大。在未来，我们的机会也会更多。

（3）了解原材料

完成（1）、（2）后，接下来要做的就是找好稳定的国内供应商、工厂。此时首先应关注的就是原材料，可以按照高、中、低端来区分。成分不同，其质量和性能也不同。可以选择直接询问工厂技术人员、管理者，或自己从网上搜索资料来了解。

此外，了解原材料有助于及时洞察原材料在市场上的行情变化。如果预期未来原材料会大幅涨价，可以及时向客户预告，以便客户考虑是否尽快下单。

（4）了解产品工艺

现在的产品很多都是机械化生产出来的，一些国家的客户在磋商时，会特别关注一些专业的技术问题。作为外贸从业人员需要及时了解产品的工艺，如生产机器的性能、关键的部件、易损坏部件等。这些可以通过咨询上游设备厂家、工厂生产经理，或其他有资历的采购、业务经理和同行前辈等来了解。

（5）了解产品成本

选品最不能忽视的就是产品的成本。成本也是确定价格优势的基础。在外贸上核定成本，通常要考虑到：原材料成本、加工成本、水电费用、机器损耗折旧、工人工资、管理人员工资等。如果你是工厂的外贸业务人员，那么可以通过咨询车间主任，或找会计现场核算来了解。如果你在外贸公司上班，那么只能按照工厂给你的出厂价来敲定你的成本。因此，可以多找几家不同规模的工厂，挑选性价比较高、服务也不差的工厂长期合作。

（6）了解产品性能

对于客户而言，最关注的除了价格，就是产品性能了。在选品时，也应做到两者兼顾，通常可以通过查看工厂的生产标准、试用样品、投放试用品与问卷调查等方式，来判断该产品的性能和客户认可度。

此外，还应该尽可能收集其他竞争对手的产品的样品，来进行比对与研究，发掘和参考对手的优势，避免对手的劣势。

（7）生产周期与产量

在选品时，还需要考虑到产品的生产周期与工厂的产量。这些可以通过与工厂生产管理人员、专业技术人员咨询来获得。通常而言，要尽可能选择生产周期短的产品，以及产量大的工厂。

总而言之，通过上述7个方面的考量，就基本可以确定自己的选品与供应厂商了。

1.2.2　弄清贸易规则，选择贸易对象

相比国内贸易，国际贸易最大的区别就是：贸易对象来自于其他国家，同时交易适用的规则也截然不同。因此，弄清贸易规则，选择贸易对象，就变得尤为重要。

（1）弄清贸易规则

首先，要了解清楚交易对手所在国家或地区关于贸易的政策，以及我国关于贸易的政策，以避免潜在的法律风险，如反倾销关税、禁止进出口货物名录。同时，我们也可以从一些国家政策里获得政策红利或补贴，如出口退税、出口补贴等。

此外，在长期的贸易实践中，各国根据人们所广泛接受和遵循的习惯做法或

方法，制定出一系列国际贸易惯例。在与法律不抵触时，这些惯例将作为判断争议的依据，通常有4类国际贸易惯例，如表1-4所列。

表1-4 国际贸易实践中常见的国际贸易惯例

类型	内容概要
与信用证相关的国际惯例	《跟单信用证统一惯例》（简称《UCP600》）、《跟单信用证项下银行间偿付统一规则》（简称《URR525》）
与托收相关的国际惯例	《托收统一规则》（简称《URC522》）
与国际贸易术语相关的国际惯例	《2020年国际贸易术语解释通则》（简称《INCOTERMS 2020》）
政治、经济、文化、技术国际公约	《国际商事合同通则》《联合国国际货物销售合同公约》《联合国濒危野生动植物种国际贸易公约》

总而言之，应当通过关注联合国官网、国际商会官网等，来紧跟国际动态，积极学习与遵守各项国际惯例。

（2）选择贸易对象

首先，需要核实交易对象的真实性。因为现在的外贸多数通过网络邮件进行询盘，无法与贸易对象第一时间线下接触，我们必须严格审核贸易对手的真实性和信誉度。比如，可以通过谷歌搜索等方式核实合同主体是否真实存在等。

其次，如贸易对象是自然人，应严格审核对方是否具备完全民事行为能力。如贸易对象是法人，应严格对其商业登记进行审查。如贸易对象是分支机构，还应审查其总部信息，可以在签订合同时，要求交易主体的法人或实际控制人在合同中一并承担连带担保责任。

最后，应当注意对方是否为企业代理人。如签约人为委托代理人，应当第一时间核实对方是否有委托书、授权范围是否明确、是否在授权期间等。

1.2.3 抓住顾客心理，明确顾客需求

一名专业的外贸从业人员不仅能精通选品，擅长与工厂打交道，还能在面对潜在客户时，抓住对方心理，明确顾客需求，做好顾客营销。

首先，学会从客户的语气判断客户的核心需求。没有一个客户会把真实需求挂在嘴边。当我们在电子邮件、聊天软件上收到客户的信息时，至少应该读两遍，多问问自己"客户为什么说这句话？"，再着手撰写回复。

其次，结合客户平时的喜好、个人习惯、民族习惯、宗教信仰、审美、忌讳、时差等，来侧面推断客户的真实意图。

最后，与客户建立良好的信任关系，当客户提出拜访时，要提前做好接待安排。当客户在工厂参观时，我们必须能够独立向客户介绍产品、公司概况，并准

确、专业地回答客户提出的问题。总之，我们要时刻谨记在客户面前务必保持良好且专业的职业形象。

1.2.4 精通外贸英语，满足基本交流

外贸从业人员必须精通外贸英语，能够与客户进行基本交流。与通常的英语四六级、专业八级所要求的英语不同，外贸英语有其自身的语言表达规律和特点。

（1）能够掌握符合外国人书写习惯的英语表达

现在，在国际贸易中，我们与客户的交流大部分是电子邮件等书面交流。国外的教科书对外贸函电的要求比较严格，要求做到"七个C"，包括Clearness（清楚）、Courtesy（礼貌）、Conciseness（简洁）、Correctness（正确）、Concreteness（具体）、Completeness（完整）、Consideration（考虑周全）。

（2）能够说流利的外贸英语口语

无论是电话交流、当面沟通，还是使用Skype、WhatsApp等通信软件进行语音通话，外贸从业人员都必须能够熟练运用外贸英语口语。掌握流利的外贸英语话术，能够帮助我们在当今越发激烈的竞争环境下脱颖而出。

总之，一名专业的外贸从业人员必须精通外贸英语，以满足与客户之间的基本交流要求。常用外贸英语详见本书附录。

1.2.5 掌握销售技巧，精准推销产品

外贸人员还应掌握一定的销售技巧，这样才能精准地向客户推销产品，具体技巧如图1-4所示。

1	在推销开始前做好准备工作
2	与客户建立利益信赖关系
3	及时调整自己的情绪
4	挖掘客户需求，找到客户的问题
5	塑造并传递产品的价值

图1-4 外贸人员必须掌握的5个销售技巧

（1）在推销开始前做好准备工作

在开始一场推销前，必须做好计划和准备。通常而言，准备内容包括目标成交价、我方可以容忍的底价、客户的需求、客户的习惯和偏好、产品能满足客户什么

需求、产品的核心卖点和特性等。

（2）与客户建立利益信赖关系

可以通过保持倾听、时刻赞美、持续认同等技巧来拉近与客户的距离。在外贸领域也有一个流传甚广的"80/20原则"，即一名专业的外贸从业人员把80%的时间都花在与客户建立信赖关系上，最后只需要花20%的时间来达成交易。在同质化竞争严重的当下，任何竞争到最后可能都是人际关系的竞争。

（3）及时调整自己的情绪

在每天与客户的沟通中，会遇到各种各样的不同状况，有拒绝，有同意。千万不能把与上一个客户沟通产生的坏情绪，带到与下一个客户的沟通中，否则这将开启恶性循环。每当准备开启与客户新一轮的沟通时，必须调节自己的情绪到最佳的状态。

（4）挖掘客户需求，找到客户的问题

销售产品，实际上就是向客户提供问题的解决方案。每当一个客户坐在你面前，你的首要目标就是找出他来跟你沟通是为了解决什么问题。一旦找到，就可以去扩大这个问题，告诫客户问题的严重性，激发客户的需求，然后把你的解决方案即你的产品摆到他的面前。

（5）塑造并传递产品的价值

在外贸磋商中，经常会遇到客户以产品价格过高为由拒绝下单的情况。这时需要注意的是，客户已经有购买产品的欲望，但唯一的拒绝理由是价格过高。那么你是否没有向客户进行足够的产品介绍？没有让客户意识到产品的价值？

产品价值指的是产品的功能、特性、品质、品种、样式等，比如产品功能提升、样式独具匠心、品质业内顶尖、世界顶级设计师设计制作等。需要在客户面前时刻塑造并传递产品的价值，当客户意识到产品价值大于报价时，自然而然会下单。反之，则很难下单。

第 2 章
基础知识：熟悉业务中常用术语和单证

外贸交易过程中会用到许多术语和单证。尤其是术语，不同的贸易术语，买卖双方所承担的责任、风险、对合同条款的约束要求是不一样的。因此，在实际操作中需要根据自身需求以及国家外贸政策进行有针对性的选择。

2.1 掌握贸易术语

2.1.1 贸易术语的意义

有句俗语叫"家有家法,行有行规"。意思是,一个家庭有一个家庭的法则,一个行业有一个行业的规矩。贸易术语就是外贸行业中的一种"行规"。

贸易术语,也称作价格术语,是指在长期的国际贸易实践中产生的,用来表示成交价格的构成和交货条件,以确定买卖双方的风险、责任、费用划分等问题的专门用语。

贸易术语可以帮助买卖双方明确5个方面的内容,如表2-1所列。

表2-1 贸易术语的作用

类型	内容概要
卖方的交货方式	明确卖方用什么方式、在哪个地方完成交货
货物损坏或灭失风险的转移地点	明确货物发生损坏或灭失风险何时由卖方转移给买方
运输、保险、通关过境手续的负责方	明确该项贸易业务中由哪一方负责办理货物的运输、保险以及通关过境的手续
运费、保险费、办理通关过境相关手续费的负责方	明确该项贸易业务中由哪一方承担运费、保险费、办理通关过境相关手续费
买卖双方交接的单据	明确买卖双方在完成一项外贸业务时,需要交接哪些与合同相关的单据

总之,贸易术语是国际贸易持续发展的产物,它的出现反过来又促进了国际贸易的发展,为买卖双方的交易提供便利条件。

2.1.2 贸易术语解释通则(2020年版本)

国际商会(The International Chamber of Commerce,ICC)于1936年首次公布了一套解释贸易术语的国际规则——《国际贸易术语解释通则》(International Rules for the Interpretation of Trade terms,INCOTERMS),对于外贸销售合同的买卖双方的权利与义务进行了明确。

后来,为了时刻与国际贸易实践保持一致,国际商会又数次对《国际贸易术语解释通则》进行了补充与修订,最新一次修订是在2019年9月。

相较上一版本,《INCOTERMS 2020》出现6个方面的变化,如表2-2所列。

表2-2 《INCOTERMS 2020》的6个改变

类型	内容概要
将DAT改为DPU	很多企业要求术语能覆盖在其他地点交货的情形，如厂房，国际商会将DAT（Delivered at Termina，运输终端交货）改为DPU（Delivered at Place Unloaded，卸货地交货，即货物在指定的目的地卸货后完成交货）
增加CIP的保险范围	原本CIP与CIF一样只要卖方明确货物相关的最低保险范围，但考虑到CIP通常多用于大宗商品，货值相对较高，而CIF则通常用于制成品，货值相对较低。因此，将CIP的保险范围增加至涵盖了所有风险的最高保险级别
增加FCA提单	贸易术语FCA要求买方订立合同，指定承运人，卖方只需负责交货给承运人即可，但考虑到货物可能并不立即装船，导致卖方收不到提单。《INCOTERMS 2020》规定，如双方同意卖方按照FCA要求将货物交付至集装箱码头，买方可以指示承运人在卸货时向卖方签发提单，以降低卖方承担的收款风险
在FCA、DAP、DPU、DDP下允许卖方/买方使用自己的运输工具	考虑到近年来企业使用自己的运输工具的情况越来越常见，尤其是大型跨国企业，《INCOTERMS 2020》允许买方在FCA下使用自己的运输工具收货，允许卖方在DAP、DPU、DDP下使用自己的运输工具将货物运输至目的地，以完成交货
在运输责任及费用划分条款中增加安保要求	考虑到国际安全形势及反恐等安保需求持续上升，《INCOTERMS 2020》各个贸易术语在"A4运输合同""A7出口清关""A9/B9费用划分"中对安保要求增加了更加明确的规定
调整费用划分条款	将费用划分条款改列在各个贸易术语的"A9/B9费用划分"项目中，以便买卖双方在"A9/B9费用划分"这一项里能够直接看到某一贸易术语下自己需要承担的所有费用项目，更加直观便捷

2.2 贸易术语分类

《INCOTERMS 2020》共计11个贸易术语，通常有两种分类方式：

（1）按名称划分

按照名称可以划分为四个组别，如图2-1所示。

（2）按运输方式划分

按照运输方式可以分为两种类别，如图2-2所示。

第2章 基础知识：熟悉业务中常用术语和单证

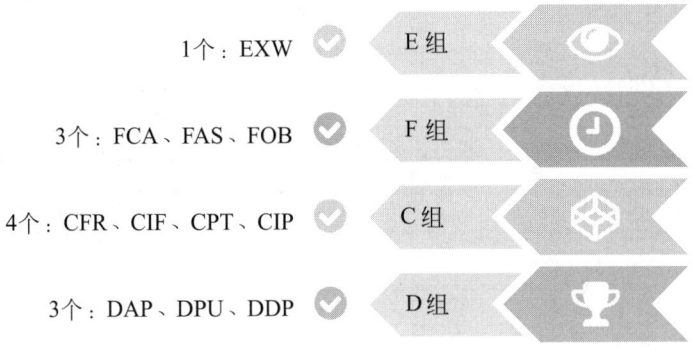

图2-1 《INCOTERMS 2020》按名称划分

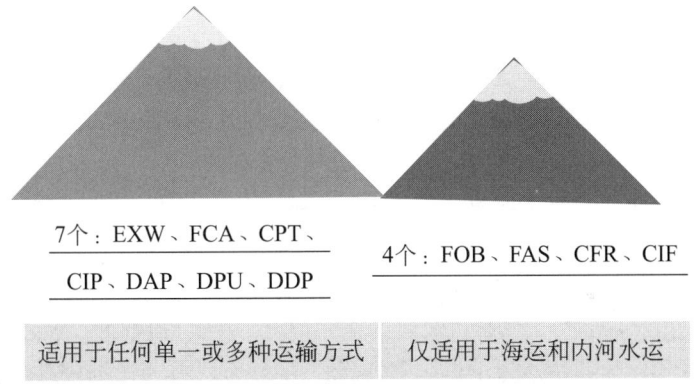

图2-2 《INCOTERMS 2020》按照运输方式划分

2.2.1 适用于任何单一或多种运输方式的术语

《INCOTERMS 2020》有7种贸易术语可以用于任何单一运输方式，如使用汽车的公路运输，使用船舶的集装箱海运，使用飞机的航空运输等；也可以使用由上述两种或两种以上的交通工具相互衔接、转运而共同完成的运输方式，即多式联运。

（1）EXW（工厂交货）

EXW，全称Ex Works（Named Place of Delivery），即工厂交货（指定交货点），适用于任何单一运输方式，也适用于多式联运，指的是当卖方在其工厂所在地或其他指定地点（如车间、仓库等）准备好货物，并交由买方处置时，即完成交货。

在所有11个贸易术语里，卖方在EXW下承担最小义务，买方则相反，承担最大义务。买卖双方各自承担风险与费用对比如图2-3所示。

在EXW下，卖方的主要义务包括：

第一，在合同规定的时间和地点，将符合合同要求的货物交由买方处置，即为完成交货，此后的风险与费用一并转移至买方。

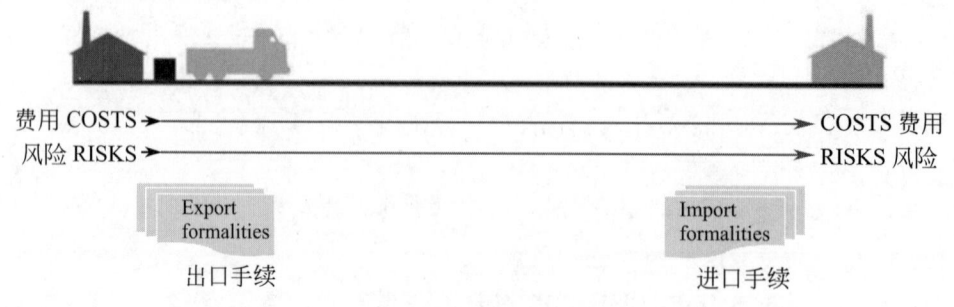

图2-3 EXW贸易术语责任概要

第二，提供合同要求的商业发票、检验检疫证书等单据。

第三，通知买方交货的时间和地点。

在EXW下，买方的主要义务包括：

第一，承担在卖方所在地受领货物的全部费用和风险。

第二，承担办理货物出口、进口许可证或其他官方证件的费用和风险。

第三，负责将货物从交货地点运输至最终目的地。

第四，通知卖方在有效时期内提货的时间，否则承担期满后货物的一切风险和费用。

此外，在实践中还需要注意的是，在EXW下：

第一，卖方无需帮助买方装货，如果帮忙装货，相关的风险与费用也是买方承担。

第二，卖方无需协助办理出口申报，除非买方无法办理出口清关手续。

第三，如果卖方因报税等目的，需要货物出口相关信息，可以找买方在一定范围内获取。

第四，买方应尽可能清楚写明交货地点内的交货点。如果买方指定的交货地点（如工厂）没有特定的具体交付点，卖方可以选择对其来说最适合交货的交货点完成交货。

（2）FCA（货交承运人）

FCA，全称Free Carrier（Named Place of Delivery），即货交承运人（指定交货点），适用于任何单一运输方式，也适用于多式联运，指的是卖方在卖方所在地或其他指定地点，将货物交给买方指定的承运人，即完成交货。

在FCA下，卖方的主要义务包括：

第一，取得出口许可证或其他官方批准证件，并承担相关风险与费用。

第二，在需要办理海关手续时，办理货物出口所需的一切海关手续。

第三，在合同规定的时间和地点，将货物交付给指定承运人，并及时通知买方。

第四，承担将货物交给指定承运人之前的一切风险和费用。

第五，向买方提供合同要求用于交货的单据，并承担取得这些单据的相关费用。

在FCA下，买方的主要义务包括：

第一，签订从指定地点承运货物的合同，支付运费，并将承运人名称及相关情况及时通知卖方。

第二，取得进口许可证或其他官方批准的证件，并办理货物进口所需的一切海关手续，并承担相关风险及费用。

第三，按照合同规定受领货物，并支付货款。

第四，承担受领货物之后发生的一切费用及风险。

此外，在国际贸易实践中，还需要注意四点：

第一，FCA是《INCOTERMS 2020》中唯一一个有两种交货方式可供选择的术语：

① 如果交货指定地点是卖方所在地，则当货物被装上买方指定的承运人或代表买方的其他人提供的运输工具时，即视为完成交货。相关风险与费用划分如图2-4所示。

② 如果交货指定地点不是①中所述情况，而是其他任何地点，那么当货物在卖方的运输工具上，虽尚未卸货，但已交至买方指定的承运人或其他人供其处置（卸货）时，即视为完成交货。相关风险与费用划分如图2-5所示。

第二，买方应尽可能清楚写明交货地点内的交货点。如果买方指定的交货地点没有特定的具体交付点时，卖方可以选择对其来说最适合交货的交货点完成交货。

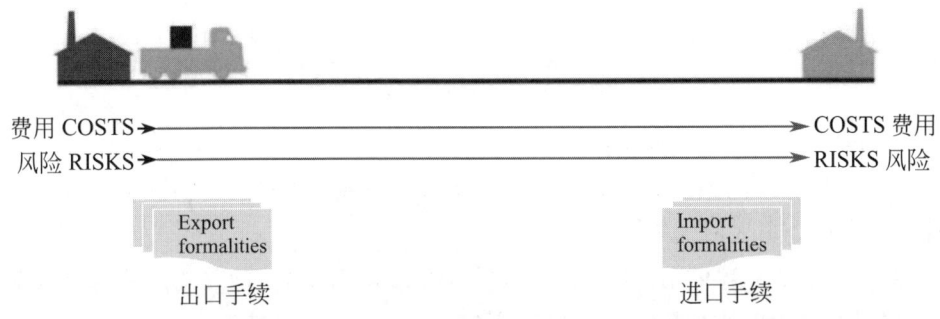

图2-4　FCA（交货地点为卖方所在地）贸易术语责任概要

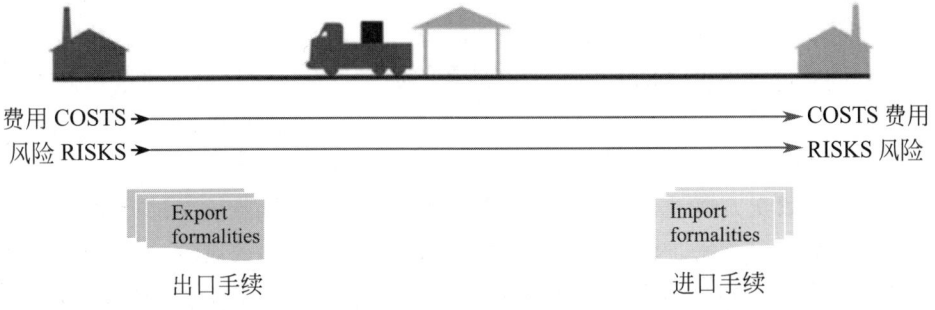

图2-5　FCA（交货地点为除卖方所在地外的其他任何地点）贸易术语责任概要

第三，和旧版本FCA不同，《INCOTERMS 2020》允许：如果卖方需要提单，经买卖双方同意，买方可以指示其承运人在将货物装上船前，向卖方签发并交付提单（B/L，Bill of Lading）。

第四，《INCOTERMS 2020》允许在FCA下买方可以使用自己的运输工具收货，并运输至目的地。

（3）CPT（运费付至）

CPT，全称Carriage Paid to（Named Place of Destination），即运费付至（指定目的地），适用于各种运输方式，包括多式联运，指的是卖方将货物交给其指定的承运人，并且支付将货物运至指定目的地的运费，买方则承担交货后的一切风险和其他费用。

在CPT下，买卖双方关于风险与费用的划分如图2-6所示。

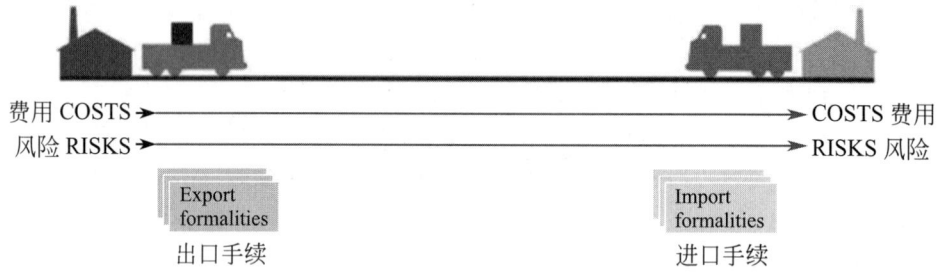

图2-6　CPT贸易术语责任概要

在CPT下，卖方的主要义务包括：

第一，按照合同约定的时间和地点，将与合同规定相符的货物置于卖方指定的承运人控制下，并及时通知买方。

第二，提供与合同规定相符的货物和商业发票，或具有同等效力的电子数据交换信息（Electronic Data Interchange，EDI）。

第三，负责订立将货物运至指定目的地的约定地点或其他合适的具体地点的运输合同，并支付运费，但不必承担运输风险。

第四，承担将货物交给承运人控制之前的风险。

第五，取得出口许可证或其他官方批准的证件，办理出口清关手续，并承担相关费用。

在CPT下，买方的主要义务包括：

第一，接收卖方提供的有关单据，受领货物，并按合同规定支付货款。

第二，承担自货物在约定交货地点交付承运人控制之后的风险。

第三，取得进口许可证或其他官方批准的证件，办理货物进口所需清关手续，并承担相关费用。

在实践中，需要注意的是，在CPT下：

第一，卖方承担的费用与风险划分点不同，卖方交货地点与指定目的地不是一个地点，比如：卖方在A国，买方在B国，双方在合同中约定CPT B国目的地，但其实当卖方在A国装运地将货物交由买方处置即完成了交货，而非必须货物运至B国目的地才算完成交货。

通俗点说就是，自完成交货后的所有风险都由买方自行承担，而自完成交货后除运费之外的费用都由买方自行承担。注意，费用划分点与风险划分点不同，也是C组贸易术语的共同特点。

第二，买方应尽可能清楚写明目的地内的交货点。如果合同中没有明确指出目的地内的具体交货点，或在实践中目的地没有专门用来交货的交货点，卖方可以选择对其来说最适合交货的地点，作为目的地内的交货点，来完成交货。

（4）CIP（运费、保险费付至）

CIP，全称Carriage and Insurance Paid to（Named Place of Destination），即运费、保险费付至（指定目的地），适用于各种运输方式，包括多式联运，指的是卖方将货物交给其指定的承运人，支付将货物运至指定目的地的运费，为买方办理货物在运输途中的货运保险，买方则承担交货后的一切风险和其他费用。

在CIP下，买卖双方关于风险与费用的划分如图2-7所示。

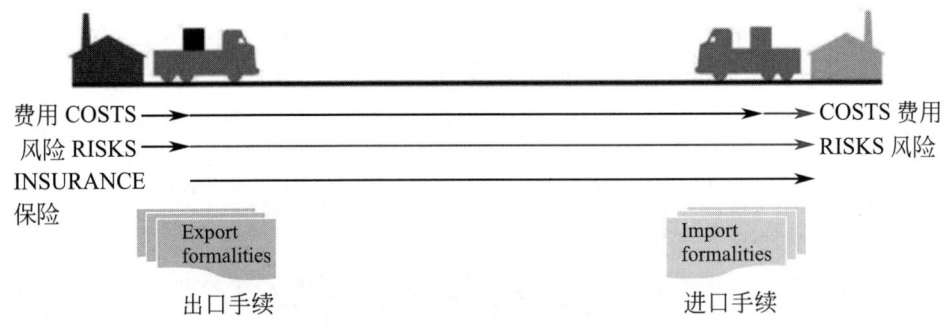

图2-7　CIP贸易术语责任概要

在CIP下，卖方的主要义务包括：

第一，提供与合同规定相符的货物和商业发票，或具备同等效力的电子票据等其他合同可能要求用来证明货物符合合同的其他证件。

第二，负责在合同规定的时间、地点，将合同规定的货物置于卖方指定的承运人控制下，并及时通知买方。

第三，负责订立运往指定目的地的运输合同，并支付相关运费。

第四，按照合同约定，负责投保货物运输险，并支付保险费。

第五，承担货物交给承运人控制之前的风险。

第六，负责取得出口许可证或其他官方批准的证件，并办理出口清关手续，支付关税及其他有关费用。

在CIP下，买方的主要义务包括：

第一，收取卖方提供的有关单据，受领货物，并按合同规定支付货款。

第二，承担自货物在约定交货地点交给承运人控制之后的风险。

第三，负责取得进口许可证或其他官方批准的证件，并且办理货物进口所需海关手续，支付关税及其他有关费用。

在实践中，需要注意的是，在CIP下：

第一，与旧版贸易术语不同，《INCOTERMS 2020》要求在CIP下卖方要投保最高级别险种，如CIC一切险、ICC（A）险。值得注意的是，CIC（China Institute Cargo Clauses），指的是中国人民保险公司海洋运输货物保险条款，ICC（Institute Cargo Clauses），指的是英国伦敦保险协会制订的保险条款。此外，这一新要求的范围仅限于CIP，CIF相关要求仍旧保持不变，即卖方投保最低级别险种即可。

第二，卖方在报价时，应认真核算成本与价格，将运输距离、保险险别及其收费情况考虑在内，并应预计运价和保险费的变动趋势等各方面问题。

第三，买方应尽可能清楚写明目的地内的交货点。如果合同中没有明确指出目的地内的具体交货点，或在实践中目的地没有专门用来交货的交货点，卖方可以选择对其来说最适合交货的地点，作为目的地内的交货点，来完成交货。

（5）DPU（卸货地交货）

DPU，全称Deliveredat Place Unloaded（Named Place of Destination），即卸货地交货（指定目的地），适用于任何单一运输方式，也适用于多式联运，指的是卖方在指定目的地或目的港集散站卸货后，将货物交由买方处置，即完成交货。卖方承担将货物运至卖方指定目的地或目的港集散站的全部风险与费用，进口费用除外。

在DPU下，买卖双方关于风险与费用的划分如图2-8所示。

在DPU下，卖方的主要义务包括：

第一，承担用运输工具把货物运送到目的地，并将货物卸载到目的地指定的终点站，交付给买方之前的所有风险与费用，包括出口报关手续、货物装船、卸货的各种费用与风险。

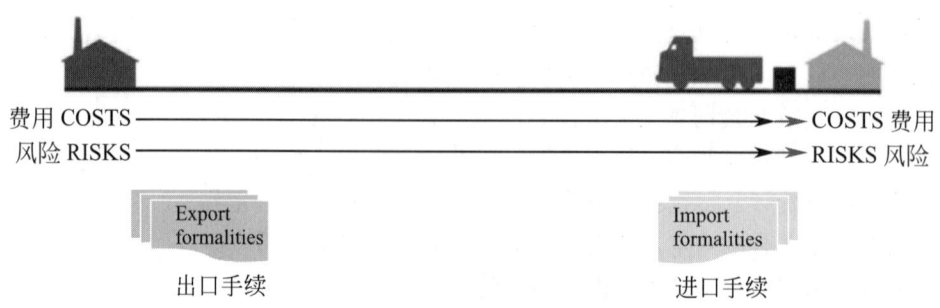

图2-8　DPU贸易术语责任概要

第二，提供符合合同规定的货物。

第三，办理出口报关清关、货物运输。

第四，按照合同约定，移交有关货运单据，或具备同等效力的电子数据交换信息（Electronic Data Interchange，EDI）。

在DPU下，买方的主要义务包括：

第一，按照合同规定受领货物，并支付货款。

第二，承担收货后的一切关于货物损坏和灭失的风险，支付自交货起与货物有关的一切费用。

第三，如需办理清关事宜，则买方必须自负风险和费用以办理清关手续，缴纳进口关税、捐税及其他进口费用。否则，买方必须承担由不履行该项义务而产生的一切货物损坏和灭失风险，并支付由此带来的一切额外费用。

第四，在卖方承担风险和费用的前提下，应卖方请求，及时向卖方提供货物运输与出口或通过任何国家所需的文件及信息，给予力所能及的协助。否则，买方必须支付由未及时提供信息和协助而产生的一切损失及费用。

在国际贸易实践中，还需要注意的是，在DPU下：

第一，《INCOTERMS 2020》将DAT（Delivered at Terminal，运输终端交货）改为DPU（Deliveredat Place Unloaded，卸货地交货）。此处，需注意DPU贸易术语的交货地点仍是货运目的地，但这个目的地不再限于运输的终点，而可以是任何地方。

第二，买方应尽可能清楚写明目的地内的交货点。如果合同中没有明确指出目的地内的具体交货点，或在实践中目的地没有专门用来交货的交货点，卖方可以选择对其来说最适合交货的地点，作为目的地内的交货点，来完成交货。

第三，《INCOTERMS 2020》允许在DAT下卖方使用自己的运输工具将货物运输至目的地，以完成交货。

（6）DAP（目的地交货）

DAP，Delivered at Place（Named Place of Destination），即目的地交货（指定目的地），适用于任何单一运输方式，也适用于多式联运，指的是卖方负责将符合合同约定的，处于可供卸货但尚未卸货状态的货物，在限期内运输至进口国的港口或内地交由买方处置，即完成交货。卖方承担将货物运输至指定地点位置的一切风险与费用。

在DAP下，买卖双方关于风险与费用的划分如图2-9所示。

在DAP下，卖方的主要义务包括：

第一，负责签订运输合同，支付将货物运至指定目的地或指定目的地内的约定地点所发生的运费。

第二，在指定目的地将符合合同约定的货物装载至已抵达的运输工具上，交给买方处置，即完成交货。

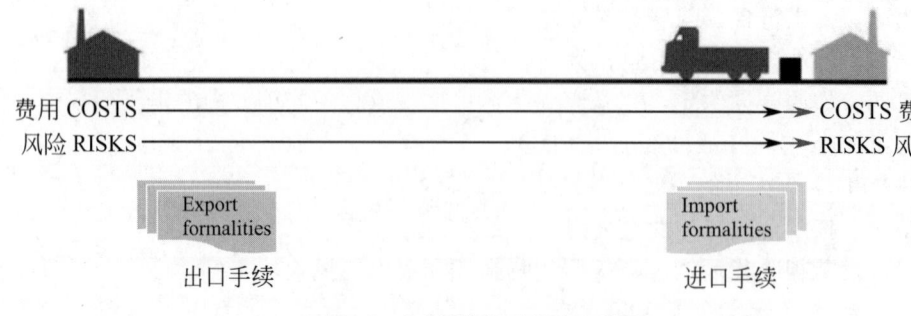

图2-9 DAP贸易术语责任概要

第三，必须向买方发出所需通知，以便买方及时收取货物。

第四，承担在指定目的地运输工具上交货之前的一切风险和费用。

第五，负责取得出口所需的许可或其他官方授权，办理货物出口和交货前从他国过境运输所需的一切海关手续，并承担相关风险与费用。

第六，提供符合合同约定的商业发票，或具备相同效力的电子数据交换信息（Electronic Data Interchange，EDI）。

在DAP下，买方的主要义务包括：

第一，承担在指定目的地运输工具上交货之后的一切风险和费用。

第二，取得进口所需的许可或其他官方授权，办理货物进口所需的一切海关手续，并承担相关风险与费用。

第三，按合同约定收取货物，接收交货凭证，支付合同约定的货款。

在国际贸易实践中，还需要注意的是，在DAP下：

第一，DAP的交货地点既可以是两国边境的指定地点，也可以是目的港的船上，还可以是进口国内陆的某一地点。

第二，卖方在指定目的地交货，但卖方不负责将货物从到达的运输工具上卸下，但必须保证货物处于可卸载状态。买方负责在指定目的地将货物从到达的运输工具上卸下。

第三，卖方在签订运输合同时应注意运输合同与买卖合同相关交货地点的协调，如果卖方按照运输合同在指定目的地产生了卸货费用，除非前期双方另有约定，否则卖方无权向买方要求偿付。

第四，由于卖方承担在特定交货地点交货前的风险，买卖双方应尽可能清楚地写明指定目的地的交货地址，最好能具体到指定目的地内特定的点。

第五，如果买卖双方希望由卖方办理进口所需的许可或其他官方要求的进口手续，包括支付所有进口关税，则应该使用DDP贸易术语。

第六，如果买卖双方在指定的地点没有约定具体交货点，那么卖方可以选择最适合其交易的交货点进行交货。

第七，《INCOTERMS 2020》允许在DAP下卖方使用自己的运输工具将货物运输至目的地，以完成交货。

（7）DDP（完税后交货）

DDP，全称Delivered Duty Paid（Named Place of Destination），即完税后交货（指定目的地），适用于任何单一运输方式，也适用于多式联运，指的是卖方在指定目的地完成进口清关手续后，将装在交货的运输工具上、尚未卸下的、符合合同约定的货物交由买方处置，即完成交货。卖方承担货物运输至目的地的一切风险与费用，包括需要办理海关手续时在目的地应缴纳的一切进口税费。

在《INCOTERMS 2020》的11个贸易术语里，DDP是卖方承担责任最大、支付费用最多，而买方承担责任最小、支付费用最少的一个术语。

在DDP下，买卖双方关于风险与费用的划分如图2-10所示。

在DDP下，卖方的主要义务包括：

第一，提供符合合同约定的货物、商业发票，或具备同等效力的电子数据交换信息（Electronic Data Interchange，EDI），以及合同可能要求的、证明货物符合合同规定的其他凭证。

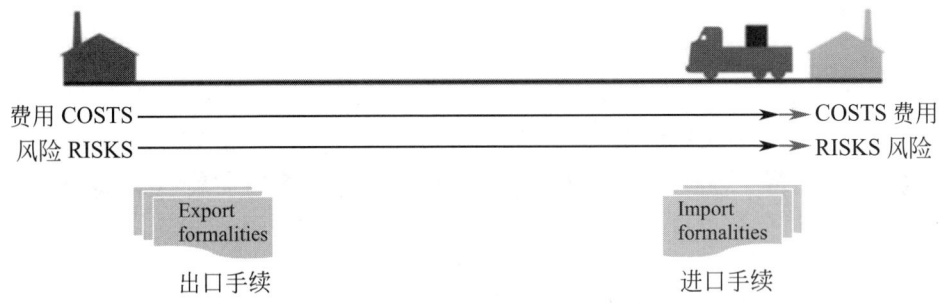

图2-10　DDP贸易术语责任概要

第二，负责取得任何出口许可证、进口许可、其他官方许可等文件，并承担相关风险与费用。

第三，负责办理从他国过境所需的一切海关手续，支付关税及其他有关费用。

第四，在合同约定的日期或交货期限内，在指定的目的地，将尚在交货运输工具上处于可卸载状态的货物，交由买方或买方指定的其他人处置，即完成交货。

第五，负责承担货物灭失或损坏的一切风险，直至已经按照约定完成交货为止。

第六，负责向买方提供交货凭证、运输单据或有同等效力的电子数据交换信息（Electronic Data Interchange，EDI），并承担取得它们的相关风险与费用。

在DDP下，买方的主要义务包括：

第一，负责按照合同约定支付货款。

第二，在卖方承担风险与费用的前提下，应卖方要求，给予卖方一切协助，以帮助卖方在需要办理海关手续时，取得货物进口所需的进口许可证或其他官方许可。

第三，负责承担自卖方按照合同约定完成交货起货物灭失或损坏的一切风险与费用。

第四，必须接收卖方按照合同约定所提供的提货单或运输单据。

在国际贸易实践中，还需要注意的是，在DDP下：

第一，卖方需要在办理了出口结关手续后在指定目的地交货，而这实际上是要求卖方将货物运进进口方即买方的国内市场。在实际操作中，如果卖方直接办理进口手续有困难，也可要求买方协助办理。如果卖方不能直接或间接地取得进口许可，或办理进口手续，则不建议使用DDP术语，在订立合同时，双方应予以充分考虑。

第二，如果双方当事人愿从卖方的义务中排除货物进口时需支付的某些费用，如增值税，则应就此加注字句，来明确要求，如"完税后交货，增值税未付（插入指定目的地）"。

第三，买方负责在指定目的地将货物从已到达的运输工具上卸下，但卖方要保证货物可供卸载。卖方在签订运输合同的时候，应注意运输合同与买卖合同相关交货地点的协调，如果卖方按照运输合同在指定目的地发生了卸货费用，除非双方另有约定，卖方无权向买方要求偿付。

第四，《INCOTERMS 2020》允许在DDP下卖方使用自己的运输工具将货物运输至目的地，以完成交货。

第五，买方应尽可能清楚写明目的地内的交货点。如果合同中没有明确指出目的地内的具体交货点，或在实践中目的地没有专门用来交货的交货点，卖方可以选择对其来说最适合交货的地点，作为目的地内的交货点，来完成交货。

2.2.2 适用于海运和内河水运的术语

在《INCOTERMS 2020》中，有4个贸易术语仅可适用于海运或内河水运。与上述适用于任何运输方式的贸易术语不同的是，这4个贸易术语后面跟着的不再是指定地点了，而是指定港口。

（1）FAS（装运港船边交货）

FAS，全称Free Along Side Ship（Named Port of Shipment），即装运港船边交货（指定装运港），指的是卖方在指定的装运港码头或驳船上，将符合合同约定的货物交至船边，并在需要办理海关手续时，办理货物出口所需的一切海关手续，即完成交货。

在FAS下，买卖双方关于风险与费用的划分如图2-11所示。

在FAS下，卖方的主要义务包括：

第一，负责将符合合同约定的货物，按规定的期限，在指定的装运港码头或驳船上，交至买方所指派的船边。

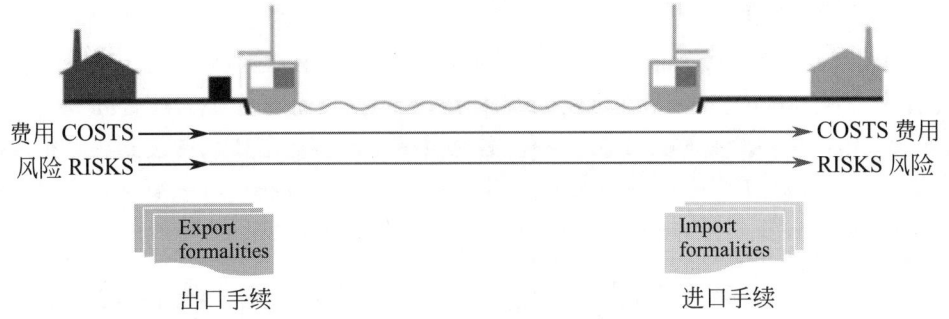

图2-11　FAS贸易术语责任概要

第二，负责办理货物的出口手续，承担出口清关的费用。

第三，承担货物在指定地点交由买方船边之前的一切风险和费用。

在FAS下，买方的主要义务包括：

第一，接收卖方提供的有关单据，受领货物，并按合同规定支付货款。

第二，承担自货物在指定地点交由船边起之后的一切风险和费用。

第三，自负风险和费用，取得进口许可证或其他官方批准的证件，并且办理货物进口所需海关手续，支付关税及其他有关费用。

在国际贸易实践中，还需要注意的是，在FAS下：

第一，"船边"通常指的是船舶装卸设备的吊货机或岸上装卸索具可触及的范围。

第二，当装货港口拥挤或大船无法靠近时，经征得买方同意，卖方可将交货条件改为"驳船上交货"（Free on Lighter）。在这样的情形下，卖方的责任仅在货物越过驳船船舷时为止，驳船费用及其风险可由买方承担。

第三，如果买方没有及时向卖方发出关于装运船舶、装运地以及交货时间等通知，或所指定的船舶没有按时抵达装运港，或船舶按时抵达却无法完成装货工作或提前停止装货，在货物完成"特定化"后相关风险和费用可提前转移。

第四，这里还需要详细了解一下，什么是货物特定化？货物特定化，指的是卖方在货物上加注标志，或以装运单据、通知买方等方式将货物清楚地确定在合同项下的行为。被特定化的货物，风险自卖方将货物特定化时起，转移至买方。

在国际贸易实践中，卖方通常采取以下三种办法将货物特定化，包括：

a.在货物上标明买方的姓氏与地址。

b.在提单上载明以买方为收货人。

c.在提单上载明货物运到目的地时应通知某一买方。

第五，在国际贸易实践中，FAS较多被应用于大宗货物的贸易中，比如小麦、棉花、大豆、矿石等初级产品贸易，出口商通常采用该术语。

第六，买方应尽可能清楚写明交货地点内的交货点。如果买方指定的交货地点没有特定的具体交付点时，卖方可以选择对其来说最适合交货的交货点完成交货。

（2）FOB（装运港船上交货）

FOB，全称Free on board（Named Port of Shipment），即装运港船上交货（指定装运港），是国际贸易中最常用的贸易术语之一，指的是卖方必须在合同规定的日期或期限内，将符合合同约定的货物，运送至指定的装运港口，并装到买方指派的船只上，即完成交货。

在FOB下，买卖双方关于风险与费用的划分如图2-12所示。

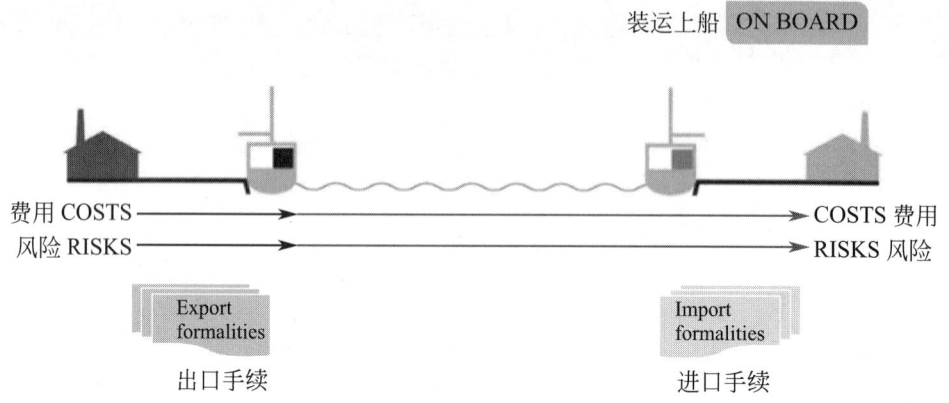

图2-12　FOB贸易术语责任概要

在FOB下，卖方的主要义务包括：

第一，负责在合同规定的日期或期限内，将符合合同规定的货物交至买方指派的船上，并及时通知买方。

第二，负责取得出口许可证或其他官方批准的证件，如商检证、原产地证等，并办理货物出口所需的一切海关手续。

第三，承担货物在装运港交到买方所指派船只上之前的一切费用和风险。注意在《INCOTERMS 2010》之前，FOB下买卖双方的风险划分以货物越过指定装运港船只的"船舷"为界限，但在《INCOTERMS 2010》中，该风险划分办法已经修改为以货物装到买方指派船只上为界限，这时风险才由卖方转移至买方。而这一改变也延续至《INCOTERMS 2020》中。

第四，负责提供商业发票和证明货物已交至船上的通常单据，如已装船海运提单。如果买卖双方约定采用电子通信，则所有单据均可被具有同等效力的电子数据交换信息代替。

在FOB下，买方的主要义务包括：

第一，根据买卖合同的规定受领货物，并支付货款。

第二，负责租船或定舱、支付运费，并将船名、装船地点和交货时间及时通知卖方。

第三，自负风险和费用，取得进口许可证或其他官方批准的证件，并负责办理货物进口所需的一切海关手续。

第四，承担货物在装运港交到自己所派船只上之后的一切费用和风险。

在国际贸易实践中还需要注意的是，在FOB下：

第一，通常当发生以下5种情况时，风险将提前自卖方转移至买方：

① 在约定的时间，买方指派的船只未到，导致产生码头仓储费用，或货物停留造成损失，此时相关风险应提前转移给买方。

② 虽然买方指派船只按约定时间到港，但是停靠码头时要排队，此时卖方的风险应提前转移至买方。

③ 双方只约定了装运期，未约定买方何时派船到装运港，如果过了装运期，船只才到，那么在装运期届满时，无论买方所派船只是否到港，货物受损的风险应提前转移至买方。

④ 如果买方按时派船，但由于各种原因，如船只不适航，卖家无法装货上船，或者提前结束装船，此时风险应提前转移至买方。

⑤ 如果买方指派船只按时到港，但是因为买方未留出足够的时间装运货物，卖方没能及时装船，则由买方承担责任。

第二，由于FOB要求卖方在装运港交货，而买方通常不可能亲临交货地点去接收货物，因此在实践中，卖方通常都是凭提交与合同要求相符的单据，来完成其交货义务，如商业发票、检验证书、运输单据、海运提单或同等效力的电子单证等。

第三，根据我国海商法，托运人有两种含义：

① 指的是本人或委托他人以本人的名义为本人与承运人订立海上货物运输合同的一方。

② 指的是本人或委托他人以本人的名义为本人将货物交给与海上货物运输合同有关的承运人的一方。

因此，FOB下的托运人（Shipper）可以是卖方，也可以是买方，但最好以卖方作为托运人。否则，如果买方和承运人相互串通，那么在没有付清货款的情况下，买方就会以托运人的身份先行将货物提走。

第四，FOB下贸易合同的风险防范措施通常有如下三种：

① 船公司的信誉与实力通常要优于境外货运代理，然而在贸易实践中，买方考虑到价格等因素，可能选择境外货运代理。因此，为了防止买方与货运代理公司联手欺诈，卖方一定要采取预防措施。比如：通过国际咨询机构对货运代理公司进行资信调查，或要求买方配合让境外货运代理公司出具担保。否则，最好让对方在发货前预付全部货款。

② 为保障自身利益，卖方通常都会在合同中明确规定买方派船只到港装货的时间或期限，以及如果货运延迟到港，或买方不能指定船只，而引起的额外费用和风险责任均由买方承担。买方须在船只到达指定装运港前若干天，将船名、预计到港时间等相关信息通知卖方。同样，买方也可以要求船只按时到达后，如卖方未能按

合同规定将货物装船，而导致货运空舱或滞期等后果，从而引起的额外费用和风险责任均由卖方承担。

③ 在FOB下，卖方没有办理货运保险的义务，买方应根据情况自行办理。如果履约时行情对买方不利，买方拒绝接收货物，就有可能不办保险，这样一旦货物在途中出险卖方就可能钱货两空。如买卖双方已按FOB术语成交，而且采用非信用证支付方式，卖方应在当地投保卖方利益险。

第五，买卖双方最好在合同中就该项事宜及有关的风险和费用的承担做出明确规定，以免产生贸易纠纷。因此，在国际贸易实践中，FOB存在以下5种变形：

① FOB Liner Terms，即装运港船上交货（班轮条件）：装船费用按照班轮的做法处理，即由船方或买方承担，卖方不承担装船的有关费用。

② FOB under Tackle，即装运港船上交货（吊钩下交货）：卖方负责将货物交到买方指定船只的吊钩所及之处的费用，而吊装入舱以及其他各项费用均由买方负担。

③ FOB Stowed，即装运港船上交货（理舱费在内）：卖方负责将货物装入船舱，并承担包括理舱费在内的装船费用。理舱费，指的是货物入舱后进行安置与整理的费用。

④ FOB Trimmed，即装运港船上交货（平舱费在内）：卖方负责将货物装入船舱，并承担包括平舱费在内的装船费用。平舱费，指的是对装入船舱的散装货物进行平整所需的费用。

⑤ FOB Stowed and Trimmed，即装运港船上交货（理舱费与平舱费在内）：卖方承担包括理舱费和平舱费在内的装船费用。

第六，买方应尽可能清楚写明交货地点内的交货点。如果买方指定的交货地点没有特定的具体交付点时，卖方可以选择对其来说最适合交货的交货点完成交货。

（3）CFR（成本加运费付至）

CFR，全称Cost and Freigh(Named Port of Destination)，即成本加运费付至（指定目的港），指的是卖方负责租船订舱，承担将货物运输至指定目的港所需海运费，并在合同规定的装运港与期限内，将货物装上船只，即完成交货。货物自装上船以后发生灭失或损害的风险，以及因货物交付后发生的事件所引起的任何额外费用，自交付之日起即由卖方转移给买方。

需要注意的是，C组贸易术语后面紧跟的指定地点不是交货地点，而是目的港。同时，买卖双方风险与费用的划分点不是目的港，而是交货地点。

在CFR下，买卖双方关于风险与费用的划分如图2-13所示。

在CFR下，卖方的主要义务包括：

第一，负责在合同规定的时间和装运港，将合同约定的货物装上船，运往指定目的港，并及时通知买方。

第二，负责办理货物出口手续，取得出口许可证或其他官方批准的证件。

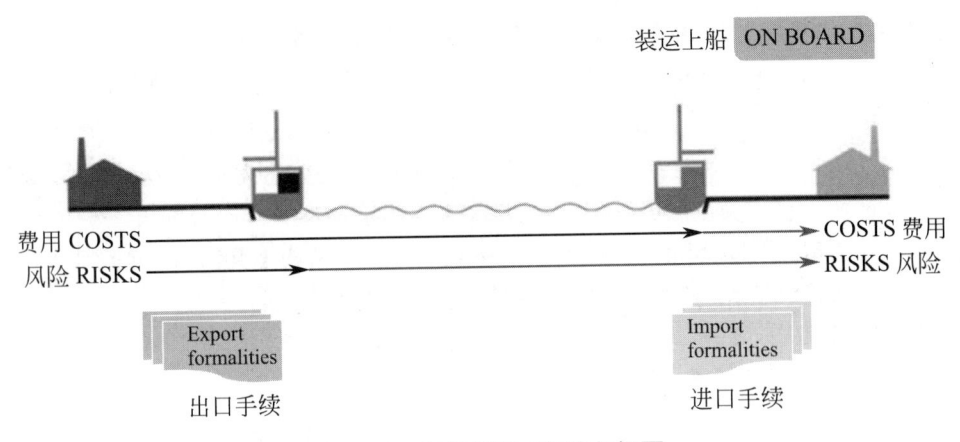

图 2-13　CFR贸易术语责任概要

第三，负责租船或订舱，并支付至目的港的正常运费。

第四，承担货物在装运港交到自己安排的船只上之前的一切费用和风险。

第五，负责提供符合合同规定的货物和商业发票，或具有同等效力的电子数据交换信息（Electronic Data Interchange，EDI），以及合同规定的运输单据和其他相关凭证。

在CFR下，买方的主要义务包括：

第一，负责按合同规定支付价款。

第二，自负风险和费用，办理货物进口手续，取得进口许可证或其他官方批准的证件。

第三，承担货物在装运港交到卖方安排的船只上之后的一切费用和风险。

第四，按合同规定接收货物，接收运输单据。

在国际贸易实践中，还需要注意的是，在CFR下：

第一，由于卖方负责安排运输，支付运费，却不承担运输的风险，买方负责办理保险，并承担运输的风险。因此，在货物装上船前，即风险自卖方转移至买方前，买方必须及时向保险公司办妥保险，这也是使用CFR的贸易合同中一个至关重要的问题。在实践中，卖方应于装运前和国外买方就如何发装船通知，以及何时发装运通知商定办法，在贸易合同中也应注明装船通知的发送内容、方式、发送时间等。

第二，由于世界各港的惯例不同，对于卸货费用也有不同的规定，有的港口规定由船方负担，有的港口规定由收货人负担。

在实践中，经常会遇到货物是大宗货物，卸货费用较高，船方不愿承担，而将卸货费用转移给租船人的情况，这样则会导致卖方支付费用的增加。

因此，买卖双方必须在贸易合同中明确由谁负担卸货费用。通常的做法是在CFR贸易术语后加附加条件来说明，由此便产生了CFR的变形，CIF贸易术语也经常会有这样的变形。CFR的变形通常有以下四种情况：

第一，CFR Liner Terms，即成本加运费（班轮条件）：指的是卸货费用按班轮办法处理，由船方或卖方承担，即买方不负担卸货费用。

第二，CFR Landed，即成本加运费（卸到岸上）：指的是由卖方负担卸货费，包括因船不能靠岸，需将货物用驳船卸到岸上支出的驳运费在内的费用。

第三，CFR under Ship's Tackle，即成本加运费（吊钩下交货）：指的是卖方负担将货物从船舱卸到吊钩所及之处（码头或驳船上）的费用。

第四，CFR Ex Ship's Hold，即成本加运费（舱底交货）：指的是货物运到目的港后，由买方自行启舱，并负担货物从舱底卸到码头上的费用。

这里还没有介绍到的另一C组贸易术语CIF也有与CFR相同的变形。

总而言之，上述CFR和CIF的变形，只是为了表明在使用航次租船运输时卸货费用由谁负责，并不改变这两种术语的交货地点及风险、责任的划分。

因此，在订立航次租船合同时，买卖双方应注意贸易合同中的贸易术语要与航次租船合同中的装卸费用条款相衔接，以明确装卸费用及相关费用由谁负担，从而避免在国际货物运输中可能产生的争议或纠纷。

（4）CIF（成本加保险加运费付至）

CIF，全称Cost Insurance and Freight（Named Port of Destination），即成本加保险加运费付至（指定目的港），与FOB一样是国际贸易中最常用的贸易术语之一，指的是卖方负责租船订舱，承担将货物运输至指定目的港所需费用和运费，并在合同规定的装运港与期限内，将货物装上船只，即完成交货。

虽然卖方负责办理运输与保险，支付运费与保费，但货物自交付后灭失或损坏的风险，以及因货物交付后发生的事件所引起的任何额外费用自交付时起，由卖方转移至买方承担。卖方需要在合同规定的装运港和期限内，将货物装上船后，及时通知买方。

需要注意的是，作为C组贸易术语，CIF与CFR一样，后面紧跟的指定地点不是交货地点，而是目的港。同时，买卖双方风险与费用的划分点不是目的港，而是交货地点。

在CIF下，买卖双方关于风险与费用的划分如图2-14所示。

在CIF下，卖方的主要义务包括：

第一，在合同规定的期限内，在装运港将符合合同的货物交至运往指定目的港的船上，并给予买方装船通知。

第二，负责办理货物出口手续，取得出口许可证或其他核准证书（如原产地、商检证书等）。

第三，负责租船或订舱并支付到目的港的海运费。

第四，负责办理货物运输保险，支付保险费。

装运上船 ON BOARD

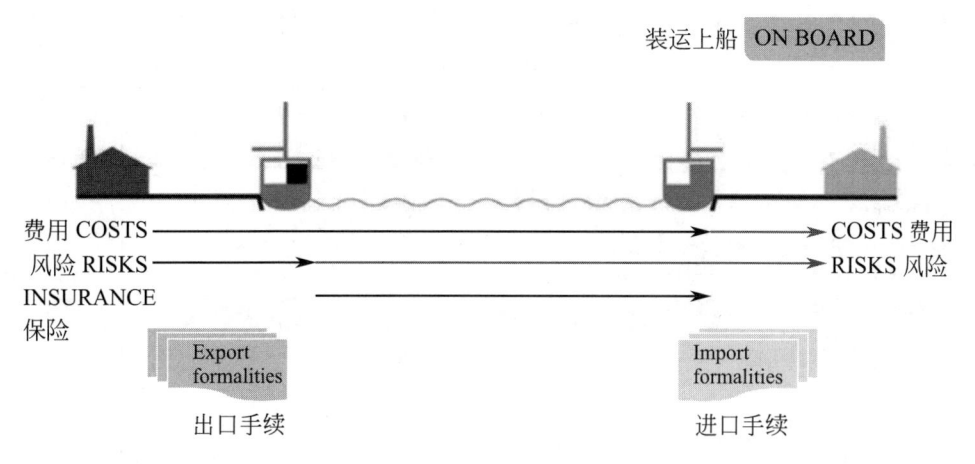

费用 COSTS —————————————→ COSTS 费用
风险 RISKS ——————————————→ RISKS 风险
INSURANCE ————————————→
保险

出口手续　　　　　　　　　　　进口手续

图2-14　CIF贸易术语责任概要

第五，负责货物在装运港越过船舷之前的一切费用和风险。

第六，负责提供货物运往指定目的港的通常运输单据、商业发票和保险单，或具有同等效力的电子数据交换信息（Electronic Data Interchange，EDI）。

在CIF下，买方的主要义务包括：

第一，负责办理进口手续，取得进口许可证或其他核准书。

第二，负担货物在装运港越过船舷后的一切费用和风险。

第三，收取卖方按合同规定交付的货物，接收与合同相符的单据。

在国际贸易实践中，还需要注意的是，在CIF下：

第一，CIF与FOB、CFR一样，其交货点与风险划分点都是在装运港的船上，卖方在装运港将货物安全地装到船上，即完成卖方义务，装运后货物可能发生的风险不再由卖方承担。一旦出现货物灭失等问题，卖方应将保险单、提单等交由买方，由买方办理风险索赔等。

第二，卖方负责订船，自主选择船公司或货运代理公司，支付运费、码头费等，一般不接受买方指定的船公司或货运代理公司。

第三，卖方在装运港办理保险，一般在订立合同时规定具体的保险金额、保险险别和适用保险条款，以及保险责任的起讫期限。

第四，在实践中，货物在装运港及目的港不可避免地会产生卸货费用，如码头作业费等。CIF一般使用"PORT TO PORT"条款，即港至港条款。卖方承担装运港费用，买方承担目的港费用。

第五，在贸易实践中，CIF与CFR一样，通常也有四种变形：

① CIF Liner Terms，即成本加运费加保费（班轮条件）：指的是卸货费用按班轮办法处理，由船方或卖方承担，即买方不负担卸货费用。

② CIF Landed，即成本加运费加保费（卸到岸上）：指的是由卖方负担卸货费，包括因船不能靠岸，需将货物用驳船卸到岸上支出的驳运费在内的费用。

029

表2-3 《INCOTERMS 2020》贸易术语基本信息一览表

贸易术语	英文含义	中文含义	交货地点	风险的转移	出口清关	运输费用	保险费用	进口清关
EXW	Ex Works (Named Place of Delivery)	工厂交货（指定地点）	卖方指定地点，如工厂、仓库	卖方在指定交货地点将货物交由买方处置时	买方	买方	买方	买方
FCA	Free Carrier (Named Place of Delivery)	货交承运人（指定交货地点）	指定装运地点	卖方在指定交货地点将货物交给买方指定承运人时	卖方	买方	买方	买方
FAS	Free Along Side Ship (Named Port of Shipment)	装运港船边交货（指定装运港）	装运港船边	卖方在指定装运港将货物交至买方指派的船边时	卖方	买方	买方	买方
FOB	Free on Board (Named Port of Shipment)	装运港船上交货（指定装运港）	装运港船上	卖方在指定装运港将货物装载到买方指派船上时	卖方	买方	买方	买方
CFR	Cost and Freight (Named Port of Destination)	成本加运费付至（指定目的港）	装运港船上	卖方在指定装运港将货物装载到卖方指派船上时	卖方	卖方	买方	买方
CIF	Cost Insurance and Freight (Named Port of Destination)	成本加运费加保险费付至（指定目的港）	装运港船上	卖方在指定装运港将货物装载到卖方指派船上时	卖方	卖方	卖方	买方
CPT	Carriage Paid to (Named Place of Destination)	运费付至（指定目的地）	指定装运地点	卖方将货物交给卖方指定承运人时	卖方	卖方	买方	买方
CIP	Carriage and Insurance Paid to (Named Place of Destination)	运费、保险费付至（指定目的地）	指定装运地点	卖方将货物交给卖方指定承运人时	卖方	卖方	卖方	买方
DAP	Delivered at Place (Named Place of Destination)	目的地交货（指定目的地）	买方所在地的指定地点	卖方在指定目的地，将处于可供卸货但尚未卸货状态的货物交由买方处置时	卖方	卖方	卖方	买方
DPU	Delivered at Place Unloaded (Named Place of Destination)	卸货地交货（指定目的地）	买方所在地的指定地点	卖方在指定目的地卸货，并将货物交由买方处置时	卖方	卖方	卖方	买方
DDP	Delivered Duty Paid (Named Place of Destination)	完税后交货（指定目的地）	买方所在地的指定地点	卖方在指定目的地完成进口清关，将装在运输工具上、处于可供卸货但尚未卸货状态的货物交由买方处置时	卖方	卖方	卖方	卖方

③ CIF under Ship's Tackle，即成本加运费加保费（吊钩下交货）：指的是卖方负担将货物从船舶起卸到吊钩所及之处（码头或驳船上）的费用。

④ CIF Ex Ship's Hold，即成本加运费加保费（舱底交货）：指的是货物运到目的港后，由买方自行启舱，并负担货物从舱底卸到码头上的费用。

与《INCOTERMS 2020》对CIP的要求不同，在CIF价格术语中，卖方办理保险的最低要求仍然是：该保险需至少符合《协会货物保险条款》(Institute Cargo Clauses，LMA/IUA)的（C）条款或类似条款的最低险别。

综上所述，《INCOTERMS 2020》共有11个贸易术语，它们在责任、风险以及费用划分上各有不同，汇总后如表2-3所列。

2.3 熟悉外贸单证

2.3.1 外贸单证的作用

外贸单证，指的是在国际贸易结算中应用的单据、文件与证书，贸易各方凭借这种文件来处理国际货物的交付、运输、保险、商检、结汇等。

（1）外贸单证是履行外贸合同的必要手段

在国际贸易实践中，外贸单据在各个环节中都存在，都有其本身特定的功能，它们的填制、签发、流转、组合、交换等具体的应用，反映了外贸合同履行的进展情况及相关方的责任、权利和义务的发生、转移和终止。单据代表着货物的所有权，掌握了单据就等于掌握了货物的所有权。通过单据转移，达到了货物所有权的转移，并使货物所有权的转移合法化。

（2）外贸单证是国际贸易结汇的必要工具

国际商会在《UCP600》中规定，在信用证业务中，各有关当事人处理的是单据，而不是与单据有关的货物、服务及其他行为。

因此，在信用证下，只要出口商能提交符合信用证规定的单证，即"单单相符"，银行就必须承担付款或承兑的责任，至于货物的实际情况如何，即是否"单物相符"，银行无须过问。

因此，在国际贸易中，全套正确、完整的单据，是卖方安全、迅速结汇的必要工具，同时也是买方取得物权证明的保证。

（3）外贸单证是企业外贸业务管理水平的重要标志

外贸单证工作是外贸业务的重要组成部分之一。一家企业单证工作的质量直接反映了其外贸业务管理水平的高低。外贸单证工作不能简单地看作单证的缮制、复核和流转，而是围绕单证及时、妥善处理好外贸业务中的各项工作，协调和解决业务中的各种矛盾，确保顺利结汇及企业信誉，不断提高外贸业务管理水平的重要标志。

在了解了外贸单证的内容和重要作用后，接下来，将对一些在国际贸易实践中使用较频繁的外贸单证予以逐一详细介绍。

2.3.2 信用证

信用证（Letter of Credit，L/C），指的是由银行（开证行）依照客户（申请人）的要求和指示或以其自身名义，在符合信用证条款的条件下，凭规定单据向第三者（受益人）或其指定方进行该项付款，或承兑和/或支付受益人开立的汇票；或授权另一银行进行该项付款，或承兑和支付的汇票；或授权另一银行议付。

简而言之，信用证是一种由银行依照客户的要求和指示，开立的有条件的承诺付款的书面文件。

（1）信用证的分类

在国际贸易实践中，信用证通常有六种分类方式，如表2-4所列。

表2-4 信用证的分类

类型	内容概要
按是否可撤销	1.可撤销信用证：开证行对其所开出的、在有效期内可以不经过受益人和其他当事人同意，也可在不必事先通知受益人的情况下，有权随时作出修改或撤销的信用证。通常注有"可撤销（Revocable）"字样，或载有开证行有权随时修改或撤销的文句 2.不可撤销信用证：一经开出，在信用证有效期内，未经有关当事人同意，开证行不可以单方面修改或撤销的信用证，受益人只要履行信用证规定的义务，开证行就必须对其付款
按付款时间	1.即期信用证：指开证行或付款行收到符合信用证条款的跟单汇票或装运单据后，必须立即履行付款义务的信用证 2.远期信用证：指开证行或付款行收到信用证的单据时，在规定期限内履行付款义务的信用证，是开证行依照开证申请人/进口商的要求与指示，对受益人/出口商发出的、授权出口商签发以银行或进口商为付款人的远期汇票，保证在交来符合信用证条款规定的汇票和单据时，必定承兑，是等到汇票到期时履行付款义务的保证文件
按是否可转让	1.可转让信用证：指信用证规定受益人可以将此信用证的金额全部或部分转让给另一个或两个以上的人使用，须注明"本信用证可转让（This Creditis Transferable）"或"允许转让（Transfer to be Allowed）"字样 2.不可转让信用证：指受益人不能将信用证的权利转让给他人的信用证。凡是未注明"可转让（Transferable）"字样，被视为不可转让信用证
按是否保兑	1.保兑信用证：是指信用证除开证行外还有另一家银行做付款保证，该信用证即为保兑信用证 2.不保兑信用证：是指开证银行开出的、没有经过另一家银行保兑的信用证，即只有开证行确定付款责任的信用证

续表

类型	内容概要
按金额是否可循环	1.可循环信用证：是指信用证规定在凭证的金额使用完毕后，能够重新恢复到原来的金额使用若干次或用至一定总金额 2.不可循环信用证：是指信用证中无可循环条款，即不可循环信用证，这也是在实践中使用较多的信用证种类
按是否跟随单据	1.光票信用证：受益人在请求议付或付款时无须提交货运单据，仅凭开立发票或提交汇票，即可分批或一次性在通知行领取款项的信用证 2.跟单信用证：凭附带货运单据的汇票或仅凭货运单据付款的信用证
其他特殊类型	1.预支信用证：是指受益人在收到信用证后，可以在一定条件下要求出口地银行（通常是通知行）预支部分信用证金额，货物装运后受益人补交单据，预支行将预支货款连同利息一并扣还 2.转开信用证：又称背对背信用证，是指出口商（通常为中间商）收到国外开证行开来的信用证后，要求通知行根据第一用证开具的，以另一出口商为受益人的信用证，转开信用证与原证相互独立

（2）信用证业务的当事人与关系人

信用证当事人，即指在该信用证项下，享有承担信用证所确定权利与义务的人，通常包括三方，如表2-5所列。

表2-5 信用证当事人

类型	内容概要
开证行 （Issuing Bank）	指应申请人（进口商）要求，向受益人（出口商）开立信用证的银行。在国际贸易实践中，信用证的开证行通常就是进口商在进口地的开户银行
受益人 （Beneficiary）	指开证行在信用证中授权使用与执行信用证，并享受信用证所赋予的权益的人。在国际贸易实践中，受益人通常就是出口商
保兑行 （Confirming Bank）	指应开证行或信用证受益人的请求，在开证行的付款保证之外，以自己的名义对信用证进行保证付款的银行。这里需要注意的是，保兑行一旦执行付款，后续只能向开证行索偿。而若开证行拒付或倒闭，保兑行亦无权向受益人或议付行追索

信用证的关系人，即指在合同或信用证约定满足条件时，享有并承担一定权利与义务的人，通常包括7类，如表2-6所列。

（3）信用证的基本操作流程

在国际贸易实践中，信用证的操作流程会因为参与者、贸易术语等因素的变化，而发生各种改变。但通常而言，信用证的实际操作都离不开最基本的四大步骤，如表2-7所列。

表2-6 信用证的关系人

类型	内容概要
申请人 （Applicant）	指向开证行提交申请书申请开立信用证的人。在实践中，申请人通常是进口商
通知行 （Advising Bank）	指受开证行的委托，将信用证通知给受益人的银行，通常是开证行在出口地的代理行或分行
付款行 （Paying Bank/Drawee Bank）	指开证行在承兑信用证中，指定并授权向受益人承担无追索权付款责任的银行。可能是开证行，也可能是根据信用证规定由开证行指定的另一家银行
承兑行 （Accepting Bank）	指开证行在承兑信用证中，指定并授权承兑信用证项下汇票的银行。可能是开证行本身，也可能是开证行指定的另一家银行
议付行 （Negotiating Bank）	指根据开证行在议付信用证中的授权，买进受益人提交的汇票和单据的银行，通常就是通知行，但也存在议付行是开证行指定除通知行之外第三方银行的特殊情况
偿付行 （Reimbursing Bank）	指受开证行指示或由开证行授权，对信用证的付款行、承兑行、保兑行或议付行进行付款的银行。通常就是议付行，但也存在偿付行是开证行指定除议付行之外的第三方银行的特殊情况
转让行 （Transferring Bank）	指应信用证第一受益人的要求，将可转让信用证转让给第二受益人的银行，通常就是通知行

表2-7 信用证的基本操作步骤

类型	内容概述
开立并发出信用证	1.买卖双方签订贸易合同，并在合同中规定使用跟单信用证支付货款 2.买方向当地银行申请开立以卖方为受益人的信用证 3.开证行请求另一银行（通知行）通知或保兑信用证 4.通知行验证信用证的真实性后，通知卖方信用证已开立
运送货物	5.卖方收到信用证，在确保资金能履行信用证规定的条件后，开始装运货物 6.卖方装运货物后，从船运公司取回正本提单，并制作其他单据
将单据提交指定银行	7.卖方将单据提交给指定银行，可能是开证行，也可能是信用证内指定的付款、承兑或议付银行 8.指定银行按照信用证审核单据。如单据符合信用证规定，银行将按信用证规定进行支付、承兑或议付
支付货款与交付货物	9.该指定银行将单据寄送给开证行 10.开证行审核单据无误后，以事先约定的形式，对已按照信用证付款、承兑或议付的该指定银行偿付 11.开证行通知买方付款赎单，在买方付款后交单。赎单指的是向开证行付除预交开证保证金外的信用证其余货款 12.买方凭单据向船运公司提取货物

（4）信用证结算的基本原则

信用证结算的两条基本原则，即单单相符与单证相符。出口商只有提交了满足该两条原则的单据后，银行才会予以付款。

单单相符原则，指的是出口商提交银行议付的各类单据彼此之间内容相符。单证相符原则，指的是出口商提交银行议付的各类单据与信用证要求相符。

2.3.3 进出口许可证

进出口许可证，是由国务院对外贸易主管部门或由其会同有关部门，依据《中华人民共和国对外贸易法》《中华人民共和国货物进出口管理条例》《货物进口许可证管理办法》《货物出口许可证管理办法》等法律、行政法规及规章，向进出口商签发的一种允许商品进口或出口的证书，包括进口许可证与出口许可证两种。

（1）进口许可证

进口许可证，指的是商务部及其授权发证机构依据《中华人民共和国对外贸易法》《中华人民共和国货物进出口管理条例》《货物进口许可证管理办法》《重点旧机电产品进口管理办法》《进口许可证管理货物目录（2022年）》等法律，对实行数量限制或其他限制的进口货物颁发的准予进口的证件。

进口商可以通过网上申请或书面申请办理进口许可证，具体申请流程见图2-15和图2-16。

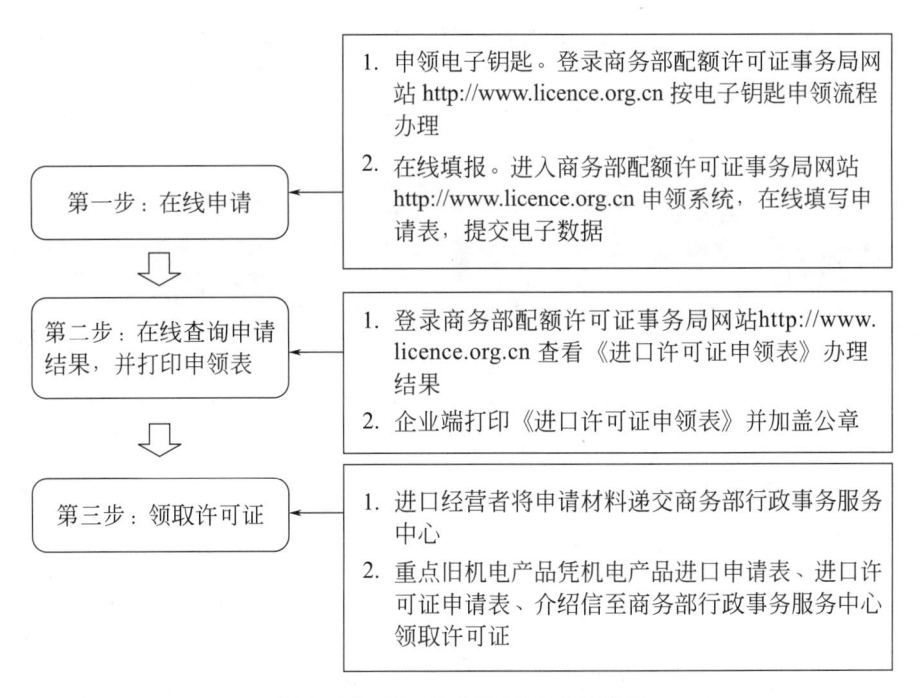

流程步骤	具体内容
第一步：在线申请	1. 申领电子钥匙。登录商务部配额许可证事务局网站 http://www.licence.org.cn 按电子钥匙申领流程办理 2. 在线填报。进入商务部配额许可证事务局网站 http://www.licence.org.cn 申领系统，在线填写申请表，提交电子数据
第二步：在线查询申请结果，并打印申领表	1. 登录商务部配额许可证事务局网站http://www.licence.org.cn 查看《进口许可证申领表》办理结果 2. 企业端打印《进口许可证申领表》并加盖公章
第三步：领取许可证	1. 进口经营者将申请材料递交商务部行政事务服务中心 2. 重点旧机电产品凭机电产品进口申请表、进口许可证申请表、介绍信至商务部行政事务服务中心领取许可证

图2-15　进口许可证网上申请流程

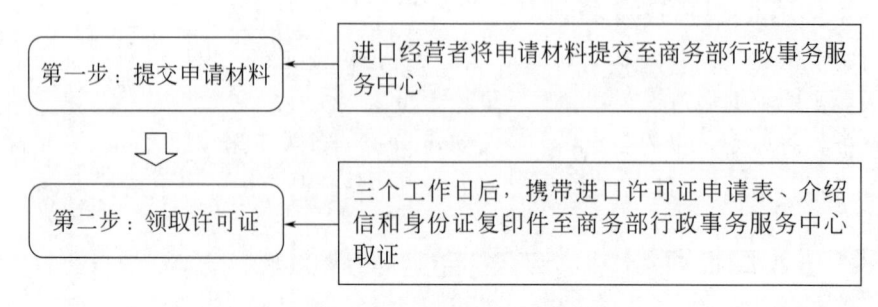

```
第一步：提交申请材料 ← 进口经营者将申请材料提交至商务部行政事务服务中心
      ↓
第二步：领取许可证 ← 三个工作日后，携带进口许可证申请表、介绍信和身份证复印件至商务部行政事务服务中心取证
```

图2-16　进口许可证书面申请流程

需要注意的是，办理消耗臭氧层物质相关进口许可证时，在京中央管理企业向配额许可证事务局申请，其他企业向地方商务部门申请。办理重点旧机电产品相关进口许可证时，所有企业向配额许可证事务局申请。

（2）出口许可证

出口许可证，指的是商务部及其授权发证机构依据《中华人民共和国对外贸易法》《中华人民共和国货物进出口管理条例》《货物出口许可证管理办法》《出口许可证签发工作规范》《出口许可证管理货物目录（2022年）》等法律，对实行数量限制或其他限制的出口货物颁发的准予出口的证件。

出口商可以通过网上申请或书面申请办理出口许可证，具体步骤如表2-8所列。

表2-8　出口许可证的申请方式与步骤

书面申请	网上申请
1.企业到商务部行政事务服务中心办证窗口提交符合要求的申请材料	1.企业在线填写申请表
	2.提交申请表
2.窗口人员录入发证系统	3.初审
3.初审	4.复审
4.复审	5.打印许可证
5.打印许可证	6.窗口发证（企业同时提交符合要求的申请材料）
6.窗口发证	

2.3.4　原产地证明书

原产地证明书，也叫产地证书，是一种应进口商要求提供的，由公证机构、政府或出口商出具的，用来证明货物原产地或制造地的一种文件。原产地证明书是贸易关系人交接货物、结算货款、索赔理赔、进口国通关验收、征收关税的有效凭证，可以分为三种，如表2-9所列。

第 2 章　基础知识：熟悉业务中常用术语和单证

表2-9　原产地证明书的种类

类型	内容概述
普通产地证书（General Certificate of Origin，又称C/O）	在不常使用海关发票或领事发票的地区，如中东、非洲、东南亚、中南美洲等国家或地区，被用来当作确定对货物征税税率的凭证 根据贸易合同的要求，签发者可以是出口商、国家进出口检验局、中国国际贸易促进委员会或厂商自己
普惠制原产地证书（General System of Preference Certificate of Origin，又称FORMA证书）	是指发达国家给予发展中国家或地区，在经济、贸易方面的一种非互利的特别优惠待遇，即发展中国家向发达国家出口制成品或半制成品时，发达国家对发展中国家予以免征或减征关税 注意，自2021年12月起，我国出口至欧盟各成员国、英国等32个国家（或地区）的货物，已不再享受这些国家的普惠比关税优惠待遇。我国海关也不再签发相应的普惠制原产地证书
专用原产地证书	指专门针对一些特殊行业的特殊产品，如农产品、葡萄酒、烟草、奶酪制品、毛坯钻石等，根据进出口监管的特殊需要而产生的原产地证书

2.3.5　报价单

报价单（Quotation），是出口商用来提供给进口商的一份注明了品名、价格、付款方式等信息的清单。

进口商每天收到的询盘数量是十分多的，一份专业而完整的报价单能在第一时间抓住客户眼球，从其他公司的询盘中脱颖而出，为后续双方建立贸易关系做好铺垫。

通常而言，一份完整的报价单包含6个部分，如表2-10所列。

表2-10　报价单的组成部分

类型	内容概述
卖家资本资料	公司标识、公司名称、详细地址、邮政编码、联系人及职位名称、电话号码、邮箱地址、聊天方式、公司网址等
买家资本资料	公司标识、公司名称、详细地址、邮政编码、联系人及职位名称、电话号码、邮箱地址、聊天方式、公司网址等
报价单的抬头	报价单标题、参考编号、报价日期、有效日期等
产品基本资料	序号、货号、型号、产品名称、交期、最小订单量、备注、产品图片、产品描述、原材料、规格、尺寸、长度、宽度、高度、厚度、管径、口径、形状、外观颜色等
产品技术参数	电力类产品技术参数、光源光电类产品技术参数、机械力学类技术参数、热学类产品技术参数、加工工艺、防护性能类产品技术参数、配件类产品技术参数、产品使用寿命、用途及使用范围等
价格条款	贸易术语、装运港、目的港等

下面给出一份报价单的样本以供参考，如表2-11所列。

表2-11 报价单示例

AAA Technology Co.，Ltd.

Add：Qingyang Industrial Zone，Jiangyin，Jiangsu P.R.China
Tel：86×××××××× Fax：86××××××××
E-mail：×××@×××.com

TO:	BBB Co.，Ltd.			QUOTATION			
				Description:			
				DATE:			
s/n.	ITEM NO.	DESCRIPTION	Unit Price	Packing			
			USD	pcs/ctn	cbm/ctn	pcs/ctn	cbm/ctn
Remarks: 1.Price term: 2.Packaging:　　normal export carton 3.Delivery: 4.Price: 5.Validity: 6.Minimum Quantity:							

2.3.6　汇票

在国际贸易实践中，由于贸易涉及金额较大、账期较长、信任缺乏等问题，买方不愿意在还未收到货物前付清全款，或考虑到资金周转，不愿一次性全款付清，而卖方也担心货款两失，所以在买方获得货物前，卖方会希望对方做出支付承诺，汇票也就应运而生。

根据《中华人民共和国票据法》第19条规定，汇票（Bill of Exchange，B/E）指的是出票人签发的，委托付款人在见票时，或在指定日期无条件支付确定的金额给收款人或持票人的票据。

（1）汇票的当事人

一张汇票有3个当事人，如表2-12所列。

表2-12 汇票的当事人

类型	内容概述
出票人（Drawer）	即开立票据并将其交付给他人的法人、其他组织或者个人。出票人对持票人及善意持票人（Holder in Due Course，HDC）承担票据在提示付款或承兑时必须付款或者承兑的保证责任
受票人（Drawee）	也称作付款人（Payer），是指受出票人委托支付票据金额的人、接受支付命令的人在国际贸易实践中，受票人通常为进口商或银行。在托收支付方式下，通常是买方或债务人。在信用证支付方式下，通常是开证行或其指定的银行
收款人（Payee）	是凭汇票向受票人请求支付票据金额的人。收款人是汇票的债权人，通常是出口商（卖方）

这里需要明确一个概念，善意持票人，也称作正常持票人，是指善意地付了全部金额的对价，取得一张表面完整的、合格的、不过期的票据的持票人。善意持票人未发现这张票据曾被退票，也未发现其前手权利方面有任何缺陷。前手，是指在现有持票人之前，曾持有该票据并在票据上签章的人。根据国际贸易惯例，善意持票人的权利优于前手，且不受前手等其他票据当事人之间债务纠葛的影响。

例如，出口商A公司与进口商B公司签订贸易合同，标的货物为10万套电子配件，总价款为100万元人民币，同时进口商B公司获得C银行100万元贷款的授信额度，B公司则使用此授信额度，开具一张汇票，以C银行为受票人，出口商A公司为收款人。

在上述案例中，出票人是进口商B公司，受票人是C银行，收款人是出口商A公司。不难看出，出口商A与C银行之间原本没有资金关系，但通过进口商B公司出具的汇票，进口商B公司把它原本对C银行授信项下的资金索偿权转让给了出口商A公司。汇票就这样在一项贸易中起到了资金融通作用。

（2）汇票的种类

汇票按照不同分类标准可以有如下种类，如表2-13所列。

（3）汇票的必要记载事项

根据《中华人民共和国票据法》第22条规定，汇票必须记载7个部分内容。如未记载任一内容，该汇票均无效，如表2-14所列。

表2-13 汇票的种类

类型	内容概述
按付款人不同	1.银行汇票（Bank's Bill），是指签发人为银行，付款人为其他银行的汇票 2.商业汇票（Commercial Bill），是指签发人为企业或者个人，付款人为其他企业、个人或银行的汇票
按是否附加单据	1.光票（Clean Bill），是指汇票本身不附带货运单据。在国际贸易实践中，银行汇票多为光票 2.跟单汇票（Documentary Bill），又称信用汇票、押汇汇票，是指需要附带提单、仓单、保险单、装箱单、商业发票等单据，才能进行付款的汇票。在国际贸易实践中，商业汇票多为跟单汇票
按付款时间	1.即期汇票（Sight Bill），指持票人向付款人提示后对方立即付款的汇票 2.远期汇票（Usance Bill），是在出票一定期限后或特定日期付款的汇票

表2-14 汇票的必要记载事项

类型	内容概述
表面"汇票"的字样	汇票上必须注明"汇票"字样，如Exchange for、Bill、Draft、Bill of Exchange等
无条件支付的委托	必须用祈使句，如："Pay to AAA Co., Ltd. the sum of ten thousand US dollars."，即请付给AAA公司10000美元。如汇票上记载支付条件或有附加条件，如货到付款，则将该汇票视为无效
确定的金额	金额是确定的或可确定的，否则该汇票视为无效。如果汇票记载有利息、分期付款、支付等值的其他货币的事项，应视出票地法律规定，来确定该事项是否具备法律效力
付款人名称	通常是进口商或指定银行
收款人名称	通常是出口商或指定银行
出票日期	通常是押汇日或前几天
出票人签章	如为个人代理其委托人签字的，则需注明"代理"（for或on behalf of）字样和自己的职务名称，如：for AAA company, Shanghai Branch John Smith（签名）Manager Director

（4）汇票的相对应记载项目

根据《中华人民共和国票据法》第23条规定，汇票的相对应记载事项包括付款日期、付款地、出票地。如汇票未记载上述事项，不影响汇票有效性，但如记载，则应清楚、明确。具体如表2-15所列。

表2-15 汇票的相对应记载项目

类型	内容概述
付款日期	用于确定汇票权利的时效。《中华人民共和国票据法》第23条规定，汇票上未记载付款日期的，为见票即付
付款地	用于确定汇票承兑或付款的地点。《中华人民共和国票据法》第23条规定，汇票上未记载付款地的，付款人的营业场所、住所或者经常居住地为付款地
出票地	用于确定当发生与出票相关法律冲突时，适用哪一国法律。《中华人民共和国票据法》第23条规定，汇票上未记载出票地的，出票人的营业场所、住所或者经常居住地为出票地

（5）汇票的任意记载事项

除了上述必要记载事项与相对应记载事项外，汇票上还可能出现其他的任意记载事项。这些事项不会使汇票无效，出票人可以根据具体情况选择是否记载，如注明成套汇票、信用证出票条款或货运条款、指定付款行、预备付款人、免于追索等。

下面给出一份汇票样本以供参考，如图2-17所示。

BILL OF EXCHANGE

NO. EX88888

Exchange for USD 100,000.00   Dated 25th, December, 2022

At sight of this First Exchange(Second of the same tenor and date unpaid), pay to the order of Bank of China the sum of US DOLLARS ONE HUNDRED THOUSAND ONLY

Drawn under ISSUING BANK UNION BANK OF CALIFONIA

L/C NO:×××××××× DATE OF ISSUE   xx,xx,xxxx

To:UNION BANK OF CALIFONIA,N.A.

MONTEREY PARK,CA

(Signature)

图2-17 汇票样本示例

（6）汇票的主要票据行为

票据行为，是指以票据权利义务的设立及变更为目的的法律行为。根据《中华人民共和国票据法》，汇票的主要票据行为包括以下6种。

第一种，出票（Draw/Issue）。出票即出票人签发汇票并交付给收款人的行为。

出票时，通常有3种方式来规定汇票收款人，如表2-16所列。

表2-16　汇票收款人的规定方式

类型	内容概述
限制性抬头（Restrictive Payee）	通常以"pay…only/not negotiable"等字样出现，表示该汇票不允许流通转让
指示性抬头（To Order）	通常以"pay…or order"或"pay to the order of…"等字样出现，表示该汇票能够通过背书转让给第三者
持票人或者来人抬头（To Bearer）	通常以"pay to bearer"或"pay to…or bearer"等字样出现，表示该汇票不须由持票人背书即可转让

第二种，提示（Presentation）。提示即持票人将汇票提交付款人要求承兑或付款的行为，是持票人要求取得票据权利的必要程序。

提示又分付款提示和承兑提示两种，如表2-17所列。

表2-17　提示的形式

类型	内容概述
承兑（Acceptance）	付款人在持票人向其提示远期汇票时，在汇票上签名，以承诺于汇票到期时付款的行为 当付款人在汇票正面写明"承兑（Accepted）"字样，注明承兑日期，并签章交还持票人后，付款人的承兑行为即生效
付款（Payment）	指付款人在汇票到期日，向提示汇票的合法持票人足额付款。此时，汇票将在注销后，被持票人交给付款人作为收款证明，同时汇票相关债务债权关系全部终止

第三种，背书（Endorsement）。背书，指持票人为将票据权利转让给他人，或将一定的票据权利授予他人行使，而在票据背面或者粘单上记载有关事项，并签章的行为。汇票可以连续背书，具体如图2-18所示。

被背书人：B	被背书人：C	被背书人：D	被背书人：E
背书人（A签字）2022.01.02	背书人（D签字）2022.03.05	背书人（E签字）2022.05.14	背书人（F签字）2022.08.20

图2-18　汇票背书的连续

第四种，贴现（Discount），是指远期汇票经承兑后，汇票持有人在汇票尚未到期前在贴现市场上转让，受让人扣除贴现息后将票款付给出让人的行为，或是银行购买未到期票据的业务。

在实践中，一份汇票在贴现后，还可以进行转贴现与再贴现，如表2-18所列。

表2-18 转贴现与再贴现

类型	内容概述
转贴现	指商业银行在资金临时不足时，将已经贴现但仍未到期的票据，交给其他商业银行或贴现机构给予贴现（扣除一定利息），以取得资金融通
再贴现	指中央银行通过买进商业银行持有的已贴现但尚未到期的商业汇票（扣除一定利息），向商业银行提供融资支持的行为

第五种，拒付（Dishonour）和追索（Recourse）。拒付，指的是持票人向付款人提示，付款人拒绝付款或拒绝承兑的情况。在国际贸易实践中，如果付款人逃匿、死亡或宣告破产，以致持票人无法实现提示（Presentation），也称作拒付。持票人被拒付后，可以向当地公证机关申请制作拒付证书，以便后续行使追索权。

追索，指的是持票人在票据被拒付时，向其前手或出票人请求偿还汇票金额、利息和其他法定款项的行为。

第六种，保证（Guarantee）。保证，指的是为了担保已经存在的票据上的债务而进行的票据行为，以增加票据信用。根据《中华人民共和国票据法》，汇票的债务可以由保证人承担保证责任，而保证人由汇票债务人以外的他人担当。

一张汇票可以有多名保证人，这些保证人被称为共同保证人。当一张汇票拥有两名以上保证人时，保证人之间承担连带责任。

总而言之，汇票的基本票据行为与流程如图2-19所示。

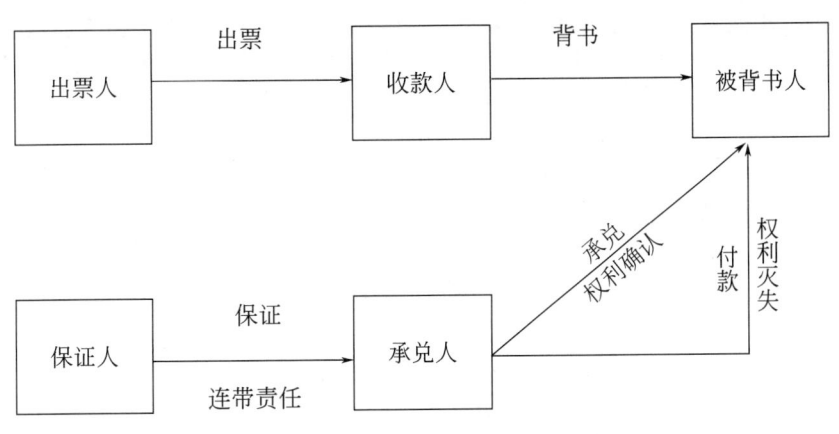

图2-19 汇票的基本票据行为与流程示意图

2.3.7 发票

发票，通常是指商业发票（Commercial Invoice），即在货物装出时卖方开立的载有货物名称、数量、价格等内容的价目清单，作为买卖双方交接货物和结算货款的主要单证。

（1）商业发票的作用

商业发票不是物权凭证，是对整个交易和货物有关内容的总体说明，全面反映了买卖双方的合同内容，是全套单据的中心，是国际贸易结算中使用的最主要的单据之一，更是进出口报关完税必备的单证之一。

（2）商业发票的基本内容

商业发票并无统一格式，但其主要项目基本相同，如表2-19所列。

表2-19 发票的基本内容

类型	内容概述
发票抬头	使用信用证时，除非另有规定，抬头应为开证申请人，即买方，并注明公司全称与地址
出票人名称与地址	出票人名称与地址印制在发票的正上方，且必须与信用证中受益人保持一致
装运工具及起始地点	包括装运工具、装运港、目的港、转运港等信息，应与信用证保持一致
单据名称	注明发票种类，常用Commercial Invoice或Invoice，且必须与信用证保持一致
发票号码与日期	发票号码由出口商自行按顺序编制，开票日期通常不得晚于提单的出具日期，且须在信用证规定的议付日期之前，必须与信用证保持一致
信用证号码	必须与信用证保持一致
合同号码	必须与信用证保持一致
支付方式	必须与信用证保持一致
唛头及件数编号	凡是信用证有指定唛头的，按信用证要求制作，与信用证保持一致。如无规定，由托运人自行决定是否采用唛头，但必须与运输单据、保险单等保持一致
商品描述	发票最重要的部分，必须与信用证严格保持一致，一字不差
商品数量	必须与信用证保持一致。如果货物品种规格较多，则每一种货物都应写明小计数量，最后再加以合计
单价与总值	单价包括计价货币、计量单位、单位金额和贸易术语4个部分。注意总值不能超过信用证规定最高金额
其他附加信息	常见附加信息有 1.WE CERTIFY THAT THE GOODS NAMED ABOVE HAVE BEEN SUPPLIED IN CONFORMITY WITH ORDER NO.×××（兹证明本发票所列货物与编号×××合同相符）

续表

类型	内容概述
其他附加信息	2.THIS IS TO CERTIFY THAT THE GOODS NAMED HEREIN ARE OF CHINESE ORIGIN（兹证明所列商品系中国产）
出票人签章	商业发票无须签章，但如信用证要求提交经签署或手签的发票，则出票人必须在发票上签署或手签
"有错当查"与"证实发票"字样	为了在发生错误或遗漏时，可更正或更换，有时会要求在发票下端注明"E.& O.E."字样，即"Errors and Omissions Excepted（有错当查）"。有些国家的法令与商业习惯会要求加注"Figures are True and Correct（证明所列内容真实无误）"或"Value/Payment Received（货款已收讫）"

下面给出一份商业发票的样本供参考，如表2-20所列。

表2-20 商业发票示例

ISSUER AAA CORPORATION LIMITED NO.123 CAMPBELL STREET QLD AUSTRALIA		COMMERCIAL INVOICE	
TO BBB COAL GROUP CO., LTD. NO.321 RENMIN ROAD SHANGHAI CHINA		INVOICE NO. 12345678	INVOICE DATE 20th NOVEMBER 2020
TRANSPORT DETAILS FROM BRISBANE AUSTRALIA TO SHANGHAI PARTIAL SHIPMENTS: NOT ALLOWED TRANSSHIPMENT: PROHIBITED		S/C NO. SC-888	L/C NO. RRRI-666666
			TERMS OF PAYMENT IRREVOCABLE L/C AT SIGHT	
Marks and Numbers	Number and Kind of Package Description of Goods	Quantity	Unit Price	Amount
BBB COAL CO SC-888 RRRI-666666 SHANGHAI	STEAM COAL GROSS CALORIFIC VALUE AT MIN 6300-6100 KCAL/KG （ADB） IN BULK	2000 MT	USD 266.00/MT CIF SHANGHAI	USD 532,00.00
	TOTAL:	2000 MT		USD 532,000.00
SAYTOTAL: US DOLLARS FIVE HUNDRED AND THIRTY-TWO THOUSAND ONLY				
				AAA CORPORATION LIMITED
SIGNED				

045

(3) 其他种类的发票

除了在实践中使用最为广泛的商业发票，还有6种发票类型，如表2-21所列。

表2-21 发票类型

类型	内容概述
形式发票（Proforma Invoice）	又称预开发票，主要用于供买方接受报价时进行参考，或签约后向本国贸易管理局或外汇管理局，申请进口许可证或批汇时使用，是在成交前开立的非正式参考性发票，不能作为结算单据，对交易双方无最终约束力
领事发票（Consular Invoice）	是出口方根据进口国驻出口国领事馆制定，依照固定格式填写，并经领事馆签章的发票，格式相对固定，经常被一些拉丁美洲国家用来作为明确差别待遇关税的依据 还有一些国家要求卖方出具的商业发票上，须由该国领事签单，被称为领事签证发票（Consular Legalized Invoice）
海关发票（Customs Invoice）	又称为估价和原产地联合证明书，指依照进口国海关当局规定，货物进口报关必须提供的特定格式的发票，主要作为估价完税、确定原产地、征收差别待遇关税或征收反倾销税的依据
证实发票（Certified Invoice）	指证明所载内容真实、正确的一种发票，如发票内容真实无误、货物的真实产地、商品品质与合同相符等。但在证实发票上不能出现"E.& O.E.（有错当查）"
厂商发票（Manufacturers Invoice）	是指出口货物的制造厂商出具的，以本国货币表示出厂价格的销货凭证。通常作为进口国海关估价、核税及检查是否有削价倾销行为的依据
样品发票（Sample Invoice）	又称小发票，是指出口商为使进口商对商品有一个更直观的印象，让客户更好地了解商品的品质等，在交易之前发送商品样品供客户从中选择而制作的发票

2.3.8 装箱单

装箱单（Packing List），又称货物明细单，是发票的补充单据，它列明了信用证（或合同）中买卖双方约定的有关包装事宜的细节，便于国外买方在货物到达目的港时，供海关检查和核对货物。

装箱单没有统一格式，但通常包含如表2-22所列的部分。

下方给出一份装箱单样本以供参考，如表2-23所示。

表2-22 装箱单的组成部分

类型	内容概述
装箱单标题	通常用"PACKING LIST""PACKING SPECIFICATION"或"DETAILED PACKING LIST"表示。如果信用证要求用中性包装单，则包装单名称打"PACKING LIST"，但单内不打卖方名称，且不签章
出单方（Issuer）	即出单人的名称与地址，与发票的出单方相同
受单方（To）	即受单方的名称与地址，与发票的受单方相同。在某些情况下也可不填，或填写"To whom it may concern（致有关人）"
发票号（Invoice No.）	与发票号码一致
日期（Date）	即"装箱单"缮制日期。应与发票日期一致，不能迟于信用证的有效期及提单日期
唛头及件数编号（Mark and Numbers）	即出口货物包装上的装运标记与号码，应符合信用证要求，并与发票、提单保持一致。有时也会直接用"AS PER INVOICE NO.×××"来简写
包装种类和件数、货物描述（Number and Kind of Packages，Description of Goods）	即填写货物及包装的详细资料，应与发票保持一致。如果货物有总称，应先注明总称，然后逐项列明每一包装件的货名、规格、品种等
外包装件数（Package）	即填写每种货物的包装件数，最后在合计栏处注明外包装总件数
毛重（Gross Weight，G.W.）	即注明每个包装件的毛重与此包装件内不同规格、品种、花色货物各自的总毛重，最后在合计栏处注明总毛重。如果信用证或合同未作相关要求，则不注亦可
净重（Net Weight，N.W.）	即注明每个包装件的净重与此包装件内不同规格、品种、花色货物各自的总净重，最后在合计栏处注明总净重。如果信用证或合同未作相关要求，则不注亦可
箱外尺寸（Meas.）	即注明每个包装件的体积，最后在合计栏处注明总体积。如果信用证或合同未作相关要求，则不注亦可
货物总计（Total）	分别填入所有货物累计的总包装数、总毛重、总净重、总体积及其计量单位。如商品明细计量单位不同，计量单位处一栏应填"packages"

表2-23 装箱单样本

Issuer AAA COMPANY NO. 123 RENMIN ROAD SHANGHAI, 20000 1, P.R.CHINA					PACKING LIST	
TO BBB COMPANY P.O. BOX 8888, NAGOYA, JAPAN			INVOICE NO. IV88888888		DATE 2022/12/20	
Marks and Numbers	Descriptions of Goods	Package	G.W.	N.W.	Meas.
CANNED LITCHIS JAPAN C/NO.1-1000	CANNED LITCHIS 850G*24TINS/CTN MADE INCHINA	1000CARTONS	224400KGS	20400KGS	22.588CBM
	Total:	[1000] [CARTONS]	[22440] [KGS]	[20400] [KGS]	[22.588] [CBM]
SAY TOTAL: ONE THOUSAND CARTONS ONLY					

2.3.9 提单

根据《中华人民共和国海商法》第71条，提单（Bill of Lading，B/L），是指用以证明海上货物运输合同和货物已经由承运人接收或者装船，以及承运人保证据以交付货物的单证。

提单是海上货物运输合同的证明，是承运人保证交付货物的物权凭证，是证明货物已由承运人接管或已装船的货物收据。

（1）提单的种类

提单种类众多，如表2-24所列。

表2-24 提单种类

分类标准	内容概述
按货物状态	1.已装船提单，是指在货物装船后，由承运人或其代理人向托运人签发的货物已经装船的提单，须注明装运船名和货物实际完成装船的日期 2.收货待运提单，又称待装提单或待运提单，是指承运人虽已收到货物但尚未装船，应托运人要求向其签发的提单

续表

分类标准	内容概述
按提单收货人	1.记名提单,是指在"收货人"一栏内填上指定的收货人名称的提单,记名提单只能由所指定的收货人提取货物。记名提单不能转让 2.不记名提单,是指在"收货人"一栏内记明向提单持有人交付货物,而非具体指定对象,或在提单"收货人"一栏内不填写任何内容的提单。不记名提单无须背书即可转让,由谁持有,谁就有权提货 3.指示提单,是指在"收货人"一栏内只填写"凭指示"或"凭某人指示"字样的提单。指示提单可以经过记名背书或空白背书进行转让
按对货外表状况的批注	1.清洁提单,是指无任何有关货物残损、包装不良或其他有碍于结汇的批注的提单。如提单印有"外表状况明显良好",或未标注损坏等字样,则表示提单清洁 2.不清洁提单,是指加注货物及包装状况不良或存在缺陷,如水湿、油渍、污损、锈蚀等批注的提单。在实践中,承运人通过批注声明货物接收时的不良状况,以减轻或免除自己的赔偿责任 区分清洁提单与不清洁提单的关键,是看有没有有关货物或包装不良的批注
按运输方式	1.直达提单,是指由承运人签发的,货物从装货港装船后中途不经过转船而直接运抵卸货港的提单 2.转船提单,是指在装货港的船舶不直接驶往目的港,而要在中途港换装其他船舶运抵目的港,由承运人为这种货物运输而签发的提单 3.多式联运提单,是指货物由海路、内河、铁路、公路和航空等两种及两种以上不同运输方式共同完成全程运输所签发的提单,主要用于集装箱运输,通常由承担海运区段运输的船公司签发
按提单使用的效力	1.正本提单,是指在法律和商业上都是公认有效的提单。通常注明"Original"字样,提单上有承运人、船长或代理人签字盖章并注明签发提单的日期 2.副本提单,是指仅作为工作上参考之用的提单。通常注明"Copy"或"Non negotiable"。由于没有承运人、船长或其代理人签字盖章,副本提单无法律效力
按提单签发人	1.班轮提单,指在班轮运输中,由班轮公司或其代理人所签发的提单。通常在集装箱运输时,班轮公司会为整箱货签发该种提单 2.仓至仓提单,是指由无船承运人或其代理人所签发的提单。通常在集装箱班轮运输时,无船承运人会为拼箱货签发提单。此外,无船承运人也可为整箱货签发提单
按提单签发时间	1.预借提单,是指信用证所规定的结汇期,即信用证的有效期即将届满,而货物尚未装船或尚未装船完毕,托运人为了能及时结汇,承运人或其代理人应托运人要求而签发的已装船提单 2.倒签提单,是指在货物装船完毕后,应托运人的要求,由承运人或其代理人签发的早于货物实际装船完毕日期的提单,即实际装船完毕的日期晚于提单签发日期的提单 3.顺签提单,指货物装船完毕后,承运人或其代理人应托运人要求签发的晚于货物实际装船完毕日期的提单,即实际装船完毕的日期早于提单签发日期的提单

（2）提单的主要关系人

提单的主要关系人包括三方，如表2-25所列。

表2-25　提单主要关系人

类型	内容概述
发货人（Shipper）或托运人（Consignor）	即货方、货主或发货人，指的是委托承运人运送货物并支付运费的社会组织或个人。根据《中华人民共和国海商法》，托运人有以下两种情况 1.本人或者委托他人以本人名义或者委托他人为本人与承运人订立海上货物运输合同的人 2.本人或者委托他人以本人名义或者委托他人为本人将货物交给与海上货物运输合同有关的承运人的人
承运人（Carrier）	即船方，根据《中华人民共和国海商法》，即本人或者委托他人以本人名义与托运人订立海上货物运输合同的人 提单通常由承运人本人签发，也可由承运人授权的人签发。提单由载货船舶的船长签发，视为代表承运人签发
收货人（Consignee）	根据《中华人民共和国海商法》，指有权提取货物的人。通常是货物买卖合同中的买方。在提单由承运人签发后，交予发货人，再通过发货人转递至收货人手中。等货物到达目的地或目的港时，收货人可以凭提单提货

（3）提单的基本内容

根据《中华人民共和国海商法》，提单的基本内容包括如表2-26所列部分。

表2-26　提单的基本内容

类型	内容概述
货物信息	货物的品名、标志、包数或者件数、重量或者体积，以及运输危险货物时对危险性质的说明
承运人	承运人的名称和主营业场所
船舶名称	通常填写装运货物的船名及航次。如果允许转船，则第二艘船名填在此处，如果不允许转船，则第一艘船名填在此处。如果是已装船提单，则此栏必须填写船名。如果是待运提单，等货物实际装船完毕后，在此栏目记载船名即可
托运人名称	通常会在托运人名称之后，注明托运人地址，必要时也可以填写代码
收货人名称	通常会在其后注明收货人的地址，必要时还会填写电话、传真或代码。如果是记名提单，此栏目可以填上具体收货人的名称。如果是指示提单，则此栏目可以填写"To Order"或"To Order of ×××"
装货港和在装货港接收货物的日期	填写实际装船港口的具体名称
卸货港	填写实际卸下货物的港口具体名称

续表

类型	内容概述
多式联运提单增列接收货物地点和交付货物地点	第一程提单上的卸货港填转船港，收货人填第二程船公司。而第二程提单上的装货港填上述转船港，卸货港填最后的目的港，如由第一程船公司签发联运提单（Through B/L），则卸货港即可填写最后目的港，并在提单上列明第一和第二船名。如果经某港转运，则要显示"via…"字样
提单的签发日期、地点和份数	提单签发的地点原则上是装货地点，一般是在装货港或货物集中地签发。提单的签发日期应该是提单上所列货物实际装船完毕的日期，也应与收货单上大副所签发的日期是一致的。提单份数一般按信用证或贸易合同要求出具
运费的支付	包括预付（Freight Prepaid）或到付（Freight Collect）。如CIF或CFR出口，通常填"运费预付"。而FOB出口，则通常填"运费到付"
承运人或其代表签字	提单必须由承运人或船长，或由其授权的人签发，并且明确表明签发人的身份。提单必须经过签署手续后才能生效

此外，除了海商法提及的上述11项，在国际贸易实践中，还经常会在提单上碰到其他栏目，如提单号码、被通知人和地址、唛头、前期运输等。

下方给出了一份提单样本以供参考，如表2-27所示。

表2-27　提单样本示例

SHIPPER CHINA AAA COMPANY 2, BEIHAI, KUIWEN, WEIFANG, SHANDONG, 261041 CHINA		B/L NO.: ABC888888
CONSIGNEE TO OPENING BANK'S ORDER		ABC OCEAN SHIPPING（GROUP）CO. TEL：86 88888888 FAX：86 88888888 ADD：××××××，CHINA
NOTIFY PARTY BBB CO., LTD. UNIVERSITAETSALLEE11-13, D-2800, BREMEN		ORIGINAL
PRE-CARRIAGE BY	PLACE OF RECEIT	
VOYAGE NO. XYZ 8888	PORT OF LOADING QINGDAO	DIRECT TRANPORT BILL OF LADING
PORT OF DISCHARGE ROTTEDAM	PLACE OF DELIVERY	

续表

MARKS BBB BREMEN	NOS.&KINDS OF PKGS 3,600 BAGS	DESCRIPTION OF GOODS FIRST GRADE 12-HSA IN 50KG BAG	GROSS WEIGHT 180,000 KGS	MEASUREMENT 180 CBM
TOTAL NUMBER OF CONTAINERS OR PACKAGES（IN WORDS） THREE THOUSAND SIX HUNDRED BAGS ONLY				
FREIGHT & CHARGES CLEAN ON BOARD FREIGHT PREPAID			PLACE & DATE OF ISSUE QINGDAO DEC 12, 2022	
^			SIGNED FOR THE CARRIER ABC OCEAN SHIPPING AGENCY QINGDAO BRANCH（盖章）	

2.3.10 保险单

保险单（Insurance Policy），是保险人（保险公司）与被保险人之间订立保险合同的证明文件，它反映了保险人与被保险人之间的权利和义务关系，也是保险公司的承保证明。

（1）保险单的类型

保险单主要有5种类型，如表2-28所列。

表2-28 保险单类型

类型	内容概述
保险单 （Insurance Policy）	俗称大保单，是一种正规的保险合同，除载明被保险人（即投保人）的名称、被保险货物（即标的物）的名称、数量或重量、唛头、运输工具、保险的起讫地点、承保险别、保险金额、出单日期等项目外，还在保险单的背面列有保险人的责任范围，以及保险人与被保险人各自的权利、义务等方面的详细条款。保险单是独立的保险单据，可由被保险人背书，随物权的转移而转让

续表

类型	内容概述
保险凭证 （Insurance Certificate）	俗称小保单，是一种有保险单正面的基本内容却没有保险单反面的保险条款的简化的保险合同
预约保险单 （Open Policy）	是一种载明保险货物的范围、险别、保险费率、每批运输货物的最高保险金额以及保险费的结付、赔款处理等项目的长期性货物保险合同。在实践中，凡属于此保险单范围内的进出口货物，一经起运，即自动按保险单所列条件承保
保险批单 （Endorsement）	变更保险合同内容的一种书面证明，通常附贴在原保险单或保险凭证上
联合保险凭证 （Combined Insurance Certificate）	俗称承保证明，是保险公司使用的一种更为简化的保险单据。通常由保险公司在出口公司提交的发票上加上保险编号、承保险别、保险金额、装载船只、开船日期等，并加盖保险公司印章即可，但不能转让

（2）保险单的主要内容

保险单的主要内容如表2-29所列。

表2-29　保险单的主要内容

类型	内容概述
正本份数 （Number of Original Policy）	正本必须有"正本（Original）"字样。可根据信用证或合同规定使用一份、两份或三份正本保单，每份正本上分别印有"第一正本"（the First Original）、"第二正本"（the Second Original）及"第三正本"（the Third Original）以示区别。没有特别说明保险单份数时，通常默认提交一套完整的保险单，即一份正本（Original）加一份复本（Duplicate）
发票号码 （Invoice Number）	此栏填写发票号码
保险单号码 （Policy Number）	此栏填写保险公司指定号码
被保险人 （Insured）	保险单被保险人通常是信用证的受益人。如信用证规定保险单为"to Order of ×××Bank"或"in Favour of ×××Bank"，则此栏应在被保险人处填写"in Favour of ×××Bank"等类似字样
保险货物名称 （Description of Goods）	此栏填写货物名称或货物总称
唛头 （Marks & No.）	此栏应与发票、提单等一致。为了简化，也可填入"AS PER INVOICE NO.×××"
包装及数量（Quantity）	如货物以包装件数计价，则此栏可填入最大包装的总件数。如货物以毛重或净重计价，则此栏可填入毛重或净重，如货物是裸装，则此栏表示其件数即可。如货物是散装，则此栏表示其重量，并在其后注明"IN BULK"字样

续表

类型	内容概述
保险金额（Amount Insured）	通常按照发票总金额的110%投保。在信用证项下的保险单，必须按信用证规定办理。此栏保险金额使用的货币、大小写应与信用证使用的货币、大小写一致
总保险金额（Total Amount Insured）	保险金额的大写数字，以英文表示，末尾应加"ONLY"，以防涂改
保费（Premium）	通常已由保险公司印就"AS ARRANGED"（如约定）字样。除非信用证另有规定，否则每笔保费及费率可以不具体表示
开航日期（Date of Commencement）	此栏通常填入提单的签发日期，也可填入提单签发日前后各5天之内任何一天的日期，或为简化直接填入"AS PER B/L DATE"
装载工具（Per Conveyance）	此栏填入装载船的船名。如果运输由两程运输完成，则应分别填写一程船名和二程船名。如空运，则填"BY AIR"或"BY AEROPLANCE"，如陆运，则填"BY TRAIN"或"BY WAGON NO.×××"，如以邮包寄送，写"BY PARCEL POST"，如采用海陆联运方式，此栏可填入"BY S.S XXX AND THENCE BY OVERLAND TRANSPORTATION TO ×××"
起运地和目的地（From…To…）	此栏填入起运地和目的地名称
承保险别（Conditions）	此栏是保险单的核心内容，填写时应注意保险险别及文句与信用证严格一致，即使信用证中有重复语句，为了避免混乱和误解，最好按信用证规定的顺序填写 如果信用证没有规定具体险别，或只规定"MARINE RISK""USUAL RISK"或"TRANSPORT RISK"等，则可投保一切险（All Risks）、水渍险（WA或WPA）、平安险（FPA）三种基本险中的任何一种 如信用证中规定使用伦敦学会条款，包括修订前后或修订后的，可以按信用证规定承保，保单应按要求填制。投保的险别除注明名称外，还应注明险别适用的文本及日期
货损检验及理赔代理人（Surveying and Claim Setting Agents）	通常选择目的港或目的港附近有关机构为货损检验、理赔代理人，并详细注明代理人地址
赔付地点（Claim Payable at）	此栏按合同或信用证要求填制
日期（Date）	此日期指保险单的签发日期
投保地点（Place）	通常为装运港或装运地的名称
签章（Authorized）	由保险公司签字或盖章以示保险单正式生效
背书	1. 空白背书（Endorsed in Blank）：此栏只注明被保险人名称即可，通常包括出口商名称和经办人的名字。当信用证没有规定背书类型时，默认使用空白背书方式

类型	内容概述
背书	2.记名背书（Named Endorsement）：当信用证要求保险条款为"DELIVERY TO×××"或"ENDORSED IN THE NAME OF×××"，即规定使用记名方式背书。其通常做法是：在保险单背面注明被保险人的名称和经办人的名字后，打上"DELIVERY TO×××"或"IN THE NAME OF×××"的字样即可 3.记名指示背书（Endorsement to Order）：当信用证要求保单条款为"INSURANCE POLICY OR CERTIFICATE IN NEGOTIABLE FOR MISSUED TO THE ORDER OF×××"时，即要求使用记名指示方式背书。其通常做法是：在保险单背面注明"TO ORDER OF×××"，再签署被保险人的名称即可

下方给出一份保险单样本以供参考，如表2-30所示。

表2-30 保险单样本示例

ABC INSURANCE COMPANY OF CHINA
HEAD OFFICE：BEIJING ESTABISHED 1949
INSURANCE POLICY   POLICY NO. ABC 888888

THIS POLICY OF INSURANCE WITNESSES THAT ABC INSURANCE COMPANY OF CHINA（HEREINAFTER CALLED "THE COMPANY"）AT THE REQUEST OF BBB SEA TRADE COPORATION（HEREINAFTER CALLED "THE INSURED"）IN CONSIDERATION OF THE AGREEED PREMIUM PAID TO THE COMPANY BY THE INSURED UNDERTAKES TO INSURE THE UNDERMENTIONED GOODS IN TRANSPORTATION SUBJECT TO THE CONDITIONS OF THIS POLICY AS PER THE CLAUSES PRINTED OVERLEAF AND OTHER SPECIAL CLAUSES ATTACHED HEREON

MARKS & NOS	QUANTITY	DESCRIPTION OF GOODS	AMOUNT INSURED
AS PER INVOICE NO.: ABC666666	1，200CTNS	2 ITEM OF "FOREVER" BRAND BICYCLES	US$90，420.00

TOTAL AMOUNT INSURED: SAY U.S.DOLLARS NINTY THOUSAND FOUR HUNDRED AND TWENTY ONLY
PREMIUM AS ARRANGED RATE AS ARRANGED PER CONVYANCE S.S XYZ999
SLG. ON OR AB.T AS PER BILL OF LADING FROM SHANGHAI TO COPENHAGEN
CONDITIONS ALL RISKS AND WAR RISKS
CLAIMS，IF ANY，PAYABLE ON SURRENDER OF THIS POLICYTOGETHTER WITH OTHER RELEVANT DOCUMENTS IN THE EVENT OF ACCIDENT WHEREBY LOSS OR DAMAGE MAY RESULT IN A CLAIM UNDER THIS POLICY IMMEDIATE NOTICE APPLYING FOR SURVEY MUST BE GIVEN TO THE COMPANY'S AGENT AS MENTIONED HEREUNDER:
ABC INSURANCE CO. OF CHINA
AMSTERDM BRANCH
123# ARIL ST.

续表

| AMSTERDAM, THE NETHERLANDS   ABC INSURANCE COMPANY |
| CLAIM PAYABLE AT/IN   DEMARK.   SHANGHAI BRANCH |
| DATE 20-DEC-2022.   SHANGHAI |
| Address: 321 Zhongshan Dong Yi Lu Shanghai, China.   XXXX（General Manager） |
| Cable: 42001 Shanghai |
| Endorsement: BBB SEA TRADING CORPORATION |
| YYY |
| 20-DEC-2022 |

2.3.11 检验证书

检验证书（Inspection Certificate），是各种进出口商品检验证书、鉴定证书和其他证书的统称。

进出口检验是国际贸易的一个必备环节，检验证书能起到证明出口商所交付货物的品质、重量、数量、包装、卫生条件等符合合同约定的作用，是进出口两国海关验放的有效单证之一，明确货物在装卸、运输中实际状况、责任归属等。

按照证书的种类与用途，检验证书通常包括15种类型，如表2-31所列。

表2-31 检验证书的种类

类型	内容概述
品质检验证书	指有关商检机构签发的放行单，是出口商品交货结汇和进口商品结算索赔的有效凭证，是法定检验商品的证书，是进出口商品报关、输出输入的合法凭证
重量检验证书	指进出口商品重量的证明文件，是进出口买卖双方处理索赔事项的依据和有效凭证，必须与商业发票、装运单据及其他单据相应栏目的内容相一致
数量检验证书	指进出口商品数量的证明文件，是证明进出口商品的数量符合合同、信用证有关规定的文件，是出口商品交货结汇、签发提单和进口商品结算索赔的有效凭证，务必保持与提单、发票、保险证明书上注明的数量一致
兽医检验证书	指证明出口动物产品或食品经过检疫合格的证件，通常适用于冻畜肉、冻禽、禽畜罐头、冻兔、肠衣等出口商品，也是该类商品对外交货、银行结汇和进口国通关输入的重要证件
卫生检验证书	指证明可供人类食用的出口动物产品、食品等经过卫生检验或检疫合格的证件，通常适用于肠衣、罐头、冻鱼、蛋品、乳制品、蜂蜜等，也是该类商品对外交货、银行结汇和通关验放的有效证件之一

续表

类型	内容概述
消毒检验证书	指证明出口动物产品经过消毒处理，保证安全卫生的证件，通常适用于猪鬃、马尾、羽毛、人发等商品，也是该类商品对外交货、银行结汇和国外通关验放的有效凭证之一
熏蒸证书	指用于证明出口粮谷、油籽、皮张等商品，以及包装用木材与植物性填充物等，已经过熏蒸灭虫的证书
残损检验证书	指进口商品残损情况的证明文件，通常适用于进口商品发生残、短、毁等情况，可作为受货人向发货人或承运人、保险人等有关责任方索赔的有效证件之一
价值检验证书	又称价值证明书，是指产品的价值或发票所载商品价值正确的证明文件，能够帮助进口国海关正确判断进口货物的价值，防止进口商瞒税，帮助进口国外汇管理机构对进口商品的外汇支付实行正确管理，避免进口商向本国银行骗购外汇
积载鉴定证书	是指证明船方和集装箱装货部门正确配载积载货物，履行运输契约义务的文件，通常包括标记情形、包装情况、积载情况、对积载结果的评述结论等内容
船舱检验证书	是指证明承运出口商品的船舱清洁、冷藏效能及其他技术条件符合保护承载商品的质量和数量完整与安全的要求的文件，可以作为承运人履行租船契约适载义务，对外贸易关系方进行货物交接和处理货损事故的依据
生丝品级及公量检验证书	是出口生丝的专用证书，作用相当于品质检验证书和重量/数量检验证书
舱口检视证书、监视装/卸载证书、舱口封识证书、油温空距证书、集装箱监装/拆证书	是承运人履行契约义务，明确责任界限，便于处理货损货差责任事故的证明文件
货载衡量检验证书	是指证明进出口商品的重量、体积吨位的文件，可作为计算运费和制订配载计划的依据
集装箱租箱交货检验证书、租船交船剩水/油重量鉴定证书	作为契约双方明确履约责任和处理费用清算的凭证

第3章
业务流程：商品出口业务全流程

外贸活动有一套完整的业务流程，在实际交易中必须严格按照既定流程去做，这样既能保证交易的高效完成，又能避免给对方或者自己造成不必要的经济损失。本章将梳理一些外贸出口流程的入门知识，提供最详细的外贸流程，方便大家对外贸理解得更加透彻。

3.1 备货：下订单进入采购和生产阶段

3.1.1 备货前的准备工作

在国际贸易进出口双方就商品价格、贸易术语等合同细节磋商成功后，出口企业在着手备货前，需要在如下几个方面进行充分的准备工作。

（1）及时跟进进口企业开立信用证进度

在信用证下，进口企业应按照合同规定时间开立信用证，并经由通知行通知出口企业。但实际上，出口企业经常会遇到进口企业不能及时开证的情况，其原因可能是因为进口企业不愿意过早开证、进口企业无法开证、进口企业忘记开证、进口企业故意拖延开证等。

出口企业在与对方签订国际贸易合同后，应及时跟进进口企业开立信用证进度，一旦发现超过合同规定期限仍未收到对方来证的情况，应第一时间通过邮件等渠道与对方取得联系，沟通开证进度，切忌盲目下单，造成货款两失。

（2）来证后严格审核信用证

当出口企业收到通知行通知来证后，应该严格按照双方事先签订的货物买卖合同、《UCP600》、《ISBP》等条款，以及自身业务经营的实际情况（主要防止存在不平等议付条款），进行审证。

作为出口企业，审核来证时除了要审核信用证类别、到期日以及到期地点；开证申请人与受益人；信用证金额及货币；信用证的兑付方式；信用证中有关运输的条款；信用证中有关货物的条款；信用证要求提交的单据；信用证交单期限；信用证附加条款；银行费用条款等方面外，还需要着重关注以下两个方面：

第一，信用证是否存在软条款。软条款主要有3种形式，如表3-1所列。

表3-1 软条款的种类

类型	内容概述
暂不生效条款	即规定信用证的生效以银行的另行通知或以其他事项的完成为条件，但该事项并非由受益人完成，因而受益人无法控制该事项的完成条件和完成时间，如待开证申请人获得进口许可证后生效或待货样经开证申请人确认后生效等条款
征得同意条款	即规定信用证所载的某些事项须征得开证申请人或其授权代表的书面同意，并由开证申请人或其授权代表签署书面文件，如要求单据必须全套由进口企业在出口国分公司签章确认
议付/付款条件条款	即信用证的议付/付款条款生效，需要由开证人审核货物，或需要取得开证申请人或其授权代表签署的文件，如信用证规定货到目的港，经开证申请人检验合格后，开证行才履行付款义务

第二，从自身角度出发，充分考虑是否能够提供信用证要求的单据。出口企业应当重点关注信用证规定己方需要提交的单据，在确保自己后续可以缮制并提交全部单据后，才能接受该份信用证。

（3）出口企业是工厂与贸易公司备货的区别

在国际贸易中，双方确认信用证的各项内容无误后，出口企业即可着手备货了。出口企业作为生产厂家与贸易代理商，其备货流程是有所不同的。

第一，如果出口企业本身就是工厂，在价格、原材料、生产进度上内部可控，则只需向生产部门下达生产需求，甚至有时本身就有库存商品，直接下达备货要求即可。

第二，如果出口企业是贸易代理公司，则由于贸易公司通常都是"零"库存，且不亲自参与生产，对价格、原材料、生产进度无法把控，因此需要立即快速寻找能够匹配进口企业需求的第三方工厂作为供应商，并及时跟进对方的生产进度。

3.1.2　对备货进行审查和检验

在向生产部门下达生产需求，或向第三方工厂下达采购订单后，出口企业还需要及时跟进生产进度，对备货进行审查与检验。在实践中，备货审查的标准通常有4个部分内容，如表3-2所列。

表3-2　备货审查的内容

类型	内容概述
备货时间	交货时间是买卖合同的主要条件。出口企业应严格审查备货过程中是否出现延迟装运或提前装运，是否严格符合合同与信用证规定的装运期限，同时注意交货期与船期的衔接，是否留有足够的余地
货物本身	严格按照合同规定交付货物，包括货物名称、品质、规格、加工工艺等是否与合同规定一致；货物是否符合进口国当地法律法规要求；货物交付数量是否与合同规定一致，切不可短交或超交；如果合同规定相关溢短装条款，则须审查交货数量是否在其规定幅度内；为防止发运时遇到的损耗或自然损耗，装运前可在仓库储存超过合同规定的货物数量
货物包装	货物包装是否按照合同规定严格落实，是否符合进口国相关法律法规要求；如果合同没有做出具体包装规定，则应审查货物是否按照货物通用的方式装箱或包装；如果货物没有通行包装方式，则应审查货物包装是否足以保全与保护货物
唛头	货物是否按照合同和信用证要求刷制唛头；如果均无相关要求，货物是否按照我国有关公司或企业通常制定的式样刷制；唛头是否刷制清晰、醒目，涂料是否不易脱落，文字大小是否适当

3.1.3　向进口方发送备货通知单

备货通知单，指的是卖方用以告知买方货物名称、规格、数量、发货时间、到达时间等备货情况的文件。在国际贸易实践中，出口商应该在备货过程中，及时向进口商发送备货通知单，以书面或电子邮件形式为佳。

下面给出一份备货通知单模板以供参考，如表3-3所示。

表3-3 备货通知单样本示例

备货通知单

单号			日期		
备货属性	〇有客户订单/需求〇无客户订单需求，风险备货					
	风险备货说明：				
产品名称	型号规格	数量	单位	需求日期	销售订单号	备注
发货信息	1.发货方式：〇汽运 〇空运 〇自提 〇其他：					
	2.客户名称：				
	3.收货人及联系方式：				
	4.收货地址：				
经办人/日期			审核/日期		
营销中心审核/日期	技术中心审核/日期		运营中心审核/日期	总经理审批/日期	
审核意见补充说明					

3.1.4 筹备资金的途径

出口企业在备货过程中可能遇到资金不足的问题，这时就涉及筹备资金。贸易融资，是指企业在贸易过程中运用各种贸易手段和金融工具增加现金流量的融资方式，如短期信贷、国际保理、利用卖方信贷与福费廷、出口信用保险等。

在备货阶段，出口企业可以进行的筹资手段主要就是打包放款。打包放款（Packing Finance），又称信用证抵押贷款，是指出口企业收到境外开立的信用证，出口企业在采购或生产这笔信用证项下有关的出口商品时，资金出现短缺，用该笔信用证作为抵押，向银行申请本、外币流动资金贷款，用于弥补出口货物的加工、包装及运输过程出现的资金缺口。

（1）出口企业向银行申请打包放款的资料

出口企业向当地银行申请打包放款所需资料根据各家银行的要求而不同，但通常会包括：

第一，信用证正本。

第二，流动资金借款申请书。

第三，与进口企业签订的国际贸易合同。

第四，境内采购合同（如有）。

第五，营业执照副本。

第六，贷款证。

第七，近三年的公司年度报表。

第八，近一个月的财务报表。

第九，法人代表证明书。

（2）打包放款的流程

当出口企业与进口企业确定了信用证无误后，即可用收到的信用证向当地银行申请打包放款，其业务流程因办理银行不同而各有差异，但通常包括如图3-1所示的5个步骤。

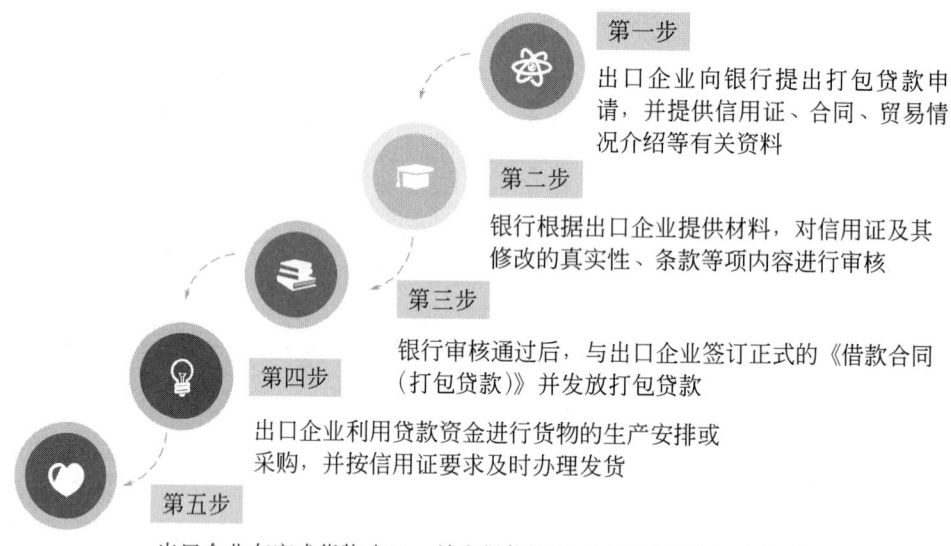

第一步 出口企业向银行提出打包贷款申请，并提供信用证、合同、贸易情况介绍等有关资料

第二步 银行根据出口企业提供材料，对信用证及其修改的真实性、条款等项内容进行审核

第三步 银行审核通过后，与出口企业签订正式的《借款合同（打包贷款）》并发放打包贷款

第四步 出口企业利用贷款资金进行货物的生产安排或采购，并按信用证要求及时办理发货

第五步 出口企业在完成货物出口，并取得信用证项下有关单据，向放款银行交单议付，收到货款后，及时归还银行的打包贷款

图3-1 出口企业申请打包放款流程

至此，该笔打包放款结束。此外，需要注意的是，银行在为出口企业办理打包放款后，会留下信用证正本，并将信用证项下收汇款作为该笔打包贷款的第一还款来源。因此，办理打包放款的银行通常为信用证的通知行与议付行，当后续出口企业取得全套信用证项下单据后，应及时向该银行交单，以结清放款，并获得扣除贷款与利息后的剩余货款。

3.2 运输：畅通外贸运输通道

3.2.1 国际运输的特点

在实践中，进口企业与出口企业通常身处两个国家或地区，因此通常采用的运输方式是国际运输。国际运输，又称国际货物运输，是指使用一种或多种运输工具，把货物从一个国家的某一地点运到另一个国家的某一地点，与国内运输相比，其自身特点如表3-4所列。

表3-4 国际运输的特点

类型	内容概述
国际运输是一项政策性很强的涉外活动	国际运输在组织货物运输的过程中，通常会同国外发生直接或间接的业务联系，也常常会涉及国际政治问题
国际运输是一项中间环节众多的长途运输活动	国际运输的距离通常较长，可能需要使用多种运输工具。而多次装卸搬运会导致在一项运输业务中，经过更多中间环节。且国际运输需要适应不同国家的法律法规
国际运输的时效性要求更高	国际运输通常成本较高，且出口企业考虑到外汇汇率的波动，进口企业考虑到快速抢占当地市场，对货物装运、货物运输有着较高的时效性要求，尤其运输某些鲜活商品、季节性商品、敏感性强的商品
国际运输的风险更大	国际货物运输环节多，距离长，涉及面广，实际情况复杂多变，时效性要求高，且运输工具在途经各国或地区时，当地政策形势的变化、社会的动乱，以及各种自然灾害和意外事故的发生，都可能直接或间接地影响到国际运输

3.2.2 常用运输方式及其优劣势

国际运输大部分通过海运或空运完成，也有部分通过铁路、公路、管道或邮政运输进行。

（1）国际海运

国际海运，即国际海上货物运输，是指货物使用船舶，通过海上航道，在不同的国家或地区的港口之间运送货物的一种运输方式。国际海运承担了我国约95%的外贸货物运输量，对保障国民经济顺畅运转发挥了至关重要的作用。

在国际货物运输领域,国际海运有着不可替代的重要地位,其优劣如表3-5所列。

表3-5　国际海运的优劣

优势	劣势
1.运输量大 随着50万~70万吨的巨型油船、16万~17万吨的散装船,以及大型化集装箱船的发展,船舶载运能力已经远远大于火车、汽车和飞机,是当今国际运输领域里运输能力最大的运输工具	1.运输速度相对较慢 由于船舶体积大,水流阻力大,装卸时间可能较长等因素影响,其运输速度相对较慢
2.四通八达 由于国际海上运输利用天然航道,因此航线能够四通八达,不受轨道、马路的限制。如遇政治、经济、军事等事件,可以随时改变航线寻找适合装卸的目的港	2.海运风险较大 受自然气候和季节性影响较大,海洋环境复杂,气象多变,可能遇到狂风、海啸等人力难以抗衡的海洋自然灾害袭击,以及受战争、罢工、禁运等社会危险事件影响,船舶遇险的可能性要比陆地、沿海更大
3.运费低廉 由于航道天然形成,船舶每日平均运量大,港口设备通常为政府修建,船舶本身经久耐用且节省燃料,货物单位运输成本相对低廉。	
4.对货物的适应性强 国际海运基本能适应各种类型货物的运输。石油井台、火车、机车车辆等超重大货物,其他运输方式无法装运,但船舶通常都可以	

（2）国际铁路运输

铁路是一个国家的国民经济大动脉,铁路运输更是现代化运输业的主要运输方式之一,其优劣势如表3-6所列。

表3-6　国际铁路运输的优劣

优势	劣势
准确性与连续性强。几乎不受气候影响,一年四季可以不分昼夜地按照既定线路进行定期、有规律、准确的运转,准确性与连续性更强	相比海运、空运等运输方式,运输的通达范围较小,如:洲际铁路运输线路主要通向德国、法国、英国、意大利等欧洲国家

续表

优势	劣势
运输速度较快。一列货物列车的速度可达100km/h左右,高于海上运输	灵活性差。货物列车只能在预先铺好的铁轨上行驶,灵活性差,一般不能像公路运输那样驶入仓库,通常需要后程转运
运输量较大。一列货物列车通常能运送3000～5000吨货物,高于航空与汽车运输	
运输成本较低。虽不如海运便宜,但运费相比公路运输等方式较低。根据中研网2020年4月统计数据,我国铁路运输的运价仅为公路货运运价的1/3	
安全可靠。相较海运,中转较少,通常要等抵达目的地才需进行中转,抗击自然灾害风险能力较强	
运送货物范围广。运送物品类型广,如内置电、配套电、液体物品、膏体物品、化妆品、厨房刀具、纯电池等	

（3）国际公路运输

公路运输,通常是指汽车运输,是陆上两种基本运输方式之一,是指以公路为运输线,利用汽车等陆路运输工具,进行跨国或跨地区货物运送的运输方式。我国的边境贸易运输、港澳货物运输,其中有相当一部分也是靠公路运输独立完成的。

公路运输的优劣具体如表3-7所列。

表3-7 公路运输的优劣

优势	劣势
机动灵活。能深入到其他运输工具到达不了的地方,灵活性强,且方便便捷	运输费用较高。汽车本身载重量小,车辆运输时震动较大,易造成货损事故,费用和成本也比海上运输和铁路运输高
是其他运输方式的重要补充。可以配合船舶、火车、飞机等运输工具完成运输的全过程,尤其是鲜活商品、集港疏港抢运	依赖公路、货车以及司机的操控,通常只适合短途运输

（4）国际航空运输

国际航空运输,是指使用飞机、直升机及其他航空器运送货物的一种运输方式。在国际贸易实践中,虽然国际航空运输的起步较晚,但发展极为迅速,这与它自身特点密切相关。

国际航空运输的优劣如表3-8所列。

065

表3-8　国际航空运输的优劣

优势	劣势
运送速度快。一架现代喷气运输机时速通常约为900mile❶，而且航空线路不受地面条件限制	运量小、运价高。航空运输主要依靠飞机腹舱，且单架运输机本身的投入成本就较高，加上定期维修费、修缮费等，其运量较小，且运价较高
安全准确。由于航空运输管理制度比较完善，货物的破损率较低，运输质量得以保障。且有固定飞行班期，通常可保证按时到达	不适合体积大、单价低的商品。适合运输笔记本电脑、精密仪器等体积小、货值高的商品
手续简便。航空公司通常为托运人提供更为简便的托运手续，也可以由货运代理人上门取货与代办运输手续，更方便快捷	
企业库存与资金周转更快。航空运输速度快，企业能够节省包装、保险、利息和储存等费用，仓库货物周转快，资金可迅速收回	
适合于鲜活易腐、季节性强以及应急商品的运输。国际航空运输既可以保证商品鲜活，又有助于开辟远距离的市场	

（5）集装箱运输

集装箱运输，是指以集装箱作为运输单位，进行货物跨国或跨地区运输的现代化运输方式。其优劣如表3-9所列。

表3-9　集装箱运输的优劣

优势	劣势
降低货主成本与损失。集装箱能大大减少货物损坏、偷窃和污染，并节省包装费用，减少了转运时间，能够更好地对货物进行控制，从而降低转运、内陆运输、装卸费用，便于实现更迅速的"门到门"运输	各国集装箱运输的法律规章、手续及单证要求不一致，可能导致运输途中各方沟通不畅、运送不协调，造成运输时间较长，增加额外费用
减少承运人面临的运输风险。集装箱运输能减少船舶在港停泊时间，加速船舶周转，更有效发挥出船舶的运输能力，减少对货物的索赔责任等	

（6）国际多式联运

国际多式联运，是在集装箱运输的基础上产生和发展起来的一种运输方式，通常是以集装箱为媒介，采用海上运输、铁路运输、公路运输和航空运输等传统单一

---

❶ mile，即英里。1mile=1.609km。

运输方式中的两种或两种以上，来完成跨国或跨地区的货物运输。

国际多式联运优势较多，具体如下：

① 手续简单　无论货程多远、途中有几次转运，全程由几种运输方式构成，所有运输事项均由多式联运承运人负责办理，货主只需办妥一次托运、订立一份运输合同、支付一次运费、办理一次保险即可。

② 责任统一　一旦货物在运输过程中发生灭失或损坏，多式联运经营人将对全程运输负责，而每一运输区段的分承运人仅对自己运输区段的货物损失承担责任。

③ 减少运输过程中的时间损失　多式联运被多式联运经营人作为一个单独的运输过程，进行统一安排与协调运作，能够减少在运转地的时间损失和货物灭失、损坏、被盗的风险。

④ 减少货物出口费用　国际多式联运使用集装箱进行运输，多式联运经营人向发货人收取一次性全程运输费用。当货物装箱后装上一程运输工具后，货主即可利用收到的联运提单进行结汇，有利于加快货物资金周转，减少出口商的货物出口费用。

⑤ 实现"门到门"运输　多式联运能够实现各种运输方式的连续运输，货物得以从发货人的工厂或仓库，运到收货人的内地仓库或工厂，最终实现"门到门"运输。

国际多式联运唯一的劣势是由经营人统一牵头开展，全程单一运价，运价一次性收取，包括各种运杂费等，可能出现不合理定价的情况。

总而言之，上述六种运输方式各有利弊，出口企业应根据货物、国际环境等实际情况，选择合适的运输方式，并与进口商达成一致。

3.3　保险：将运输风险降到最低

3.3.1　外贸保险的种类

外贸保险，主要指的就是国际贸易货物运输保险，即指以国际贸易货物运输过程中的各种货物为保险标的的保险。根据国际贸易货物运输方式，外贸保险可以分为以下4种：

（1）海上运输货物保险

海上运输货物保险，是指以船舶运输的货物为保险标的的保险，主要承保货物在海运途中因自然灾害、意外事故所造成的损失。

海上运送货物造成的海损有四种，具体如图3-2所示。

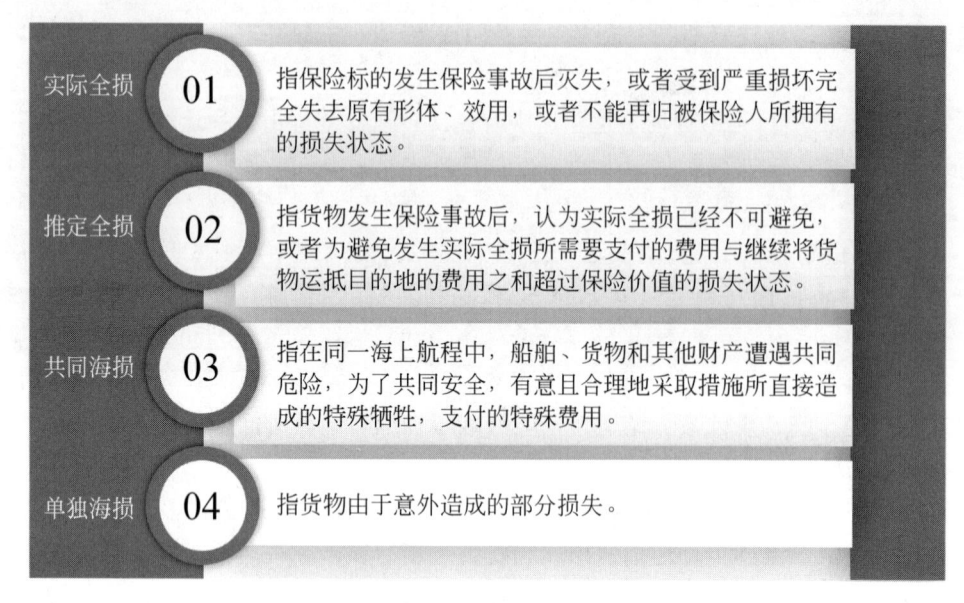

实际全损	01	指保险标的发生保险事故后灭失，或者受到严重损坏完全失去原有形体、效用，或者不能再归被保险人所拥有的损失状态。
推定全损	02	指货物发生保险事故后，认为实际全损已经不可避免，或者为避免发生实际全损所需要支付的费用与继续将货物运抵目的地的费用之和超过保险价值的损失状态。
共同海损	03	指在同一海上航程中，船舶、货物和其他财产遭遇共同危险，为了共同安全，有意且合理地采取措施所直接造成的特殊牺牲，支付的特殊费用。
单独海损	04	指货物由于意外造成的部分损失。

图3-2 四种海损的概念

不难看出，这四种海损的引发原因、损失范围各有不同，也延伸出不同赔付范围的海上货物运输保险，主要有三种险别，如图3-3所示。

○ 平安险（FPA）
即单独海损不负责赔偿。

○ 水渍险（WPA）
又称单独海损险，是指单独海损也负责赔偿，较平安险范围更大。

○ 一切险（AR）
又称综合险，其责任范围覆盖了平安险与水渍险的所有责任。

图3-3 海上运输货物保险的种类

三种海上运输货物保险的责任范围，从小到大依次是：平安险＜水渍险＜一切险，具体如表3-10所列。

投保人还可以在办理投保了主险的基础上，继续投保附加险。附加险就是附加于海上运输保险主要险别之外的保险责任范围，通常不可单独办理，只能在签订主险合同后购买。

中国人民保险公司可承保的附加险如图3-4所示。

表3-10　三种海上货物运输保险的责任范围

责任范围	险种		
被保险货物在运输途中由于恶劣气候、雷电、海啸、地震、洪水等自然灾害造成的整批货物全部损失或推定全损	平安险	水渍险	一切险
由于运输工具遭受搁浅、触礁、沉没、互撞、与流冰或其他物体碰撞以及失火、爆炸等意外事故造成货物全部或部分损失	^	^	^
在运输工具已经发生搁浅、触礁、沉没、焚毁等意外事故的情况下，货物在此前后又在海上遭受恶劣气候、雷电、海啸等自然灾害所造成的部分损失	^	^	^
在装卸或转运时由于一件或数件整件货物落海造成的全部或部分损失	^	^	^
被保险人对遭受承保责任内危险的货物采取抢救、防止或减少货损的措施而支付的合理费用，但以不超过该批被救货物的保险金额为限	^	^	^
运输工具遭遇海难后，在避难港由于卸货所引起的损失以及在中途港、避难港由于卸货、存仓以及运送货物所产生的特别费用	^	^	^
共同海损的牺牲、分摊和救助费用	^	^	^
运输合同中订有"船舶互撞责任"条款，根据该条款规定应由货方偿还船方的损失	^	^	^
被保险货物由于恶劣气候、雷电、海啸、地震、洪水等自然灾害所造成的部分损失		^	^
货物在运输过程中，因各种外来原因所造成保险货物的损失，比如盗窃、提货不到、破损、渗漏、碰损、受潮、受热、串味、包装破损等			^

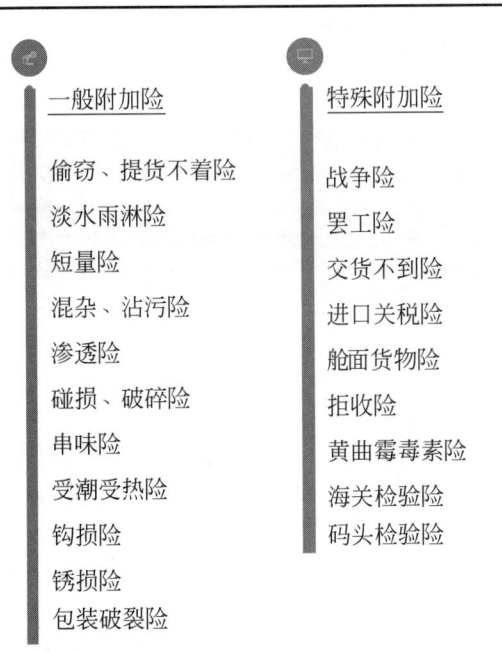

一般附加险

偷窃、提货不着险
淡水雨淋险
短量险
混杂、沾污险
渗透险
碰损、破碎险
串味险
受潮受热险
钩损险
锈损险
包装破裂险

特殊附加险

战争险
罢工险
交货不到险
进口关税险
舱面货物险
拒收险
黄曲霉毒素险
海关检验险
码头检验险

图3-4　中国人民保险公司可承保附加险的种类

总而言之，无论投保哪种海上运输货物保险，投保方都必须综合考量各方面的实际情况、合同约定等因素，同时需要注意附加险与主险是否存在重复保障的地方。

（2）陆上运输货物保险

陆上货物运输保险，是指承保铁路、公路货物运输损失的保险。陆上运输货物保险的种类如表3-11所列。

表3-11 陆上运输货物保险的种类

类型	责任范围
陆运险 （Landd Insurance）	1. 货物在运输途中遭受暴风、雷电、洪水、地震等自然灾害造成的损失 2. 运输工具遭受碰撞、倾覆、出轨或在驳运过程中因驳运工具遭受搁浅、沉没或由于遭受隧道坍塌、崖崩或失火、爆炸的意外事故所造成的全部或部分损失 3. 被保险人对遭受承保责任内危险的货物采取抢救、防止或减少货损的措施而支付的合理费用，但以不超过该批被救货物的保险金额为限
陆运一切险 （Over Land Transportation All Risks）	不但包括陆运险的责任，还包括被保险货物在运输途中由外来原因导致的全部损失或部分损失

投保人与保险人经协商还可以在已办理陆运险或陆运一切险的基础上，加保陆上运输货物保险的附加险，如陆运货物战争险等。

（3）航空运输货物保险

航空运输货物保险，是指以航空过程中的各类货物为保险标的的保险，即当标的货物在航空运输过程中因保险责任造成损失时，由保险公司提供经济补偿的一种保险业务。航空运输货物保险主要分2种，如表3-12所列。

表3-12 航空运输货物保险的种类

类型	内容概述	责任范围
航空运输险 （Air Transportation Risks）	类似于海上运输货物保险里的"水渍险"	1. 被保险货物在运输途中，遭受雷电、火灾、爆炸或由于飞机遭受恶劣气候或其他危难事故而被抛弃，或由于飞机遭碰撞、倾覆、坠落或失踪等意外事故所造成的全部或部分损失 2. 被保险人对遭受承保责任内危险的货物采取抢救、防止或减少货损的措施而支付的合理费用，但以不超过该批被救货物的保险金额为限
航空运输一切险 （Air Transport ation All Risks）	类似于海上运输货物保险里的"一切险"	包括航空运输险责任，以及被保险货物由外来原因所致的全部或部分损失

投保人与保险人经协商还可以在已办理航空运输险或航空运输一切险的基础上，加保航空运输货物保险的附加险，如航空运输货物战争险等。

（4）国际多式联运货物保险

国际多式联运货物保险，是指货主向货物保险公司投保的，以国际多式联运的货物为保险标的的保险。货主可以自行投保货物运输险，也可以由发货人承担费用，由多式联运经营人代为办理。同时，国际多式联运货物保险可以全程合并办理，既可办理一张保单，也可分段投保，办理多张保单。

接下来，就为大家介绍合同中的保险条款。

3.3.2 合同中的保险条款

国际贸易合同的保险条款，是指用来确定一项国际贸易业务中的货物投保人、保费支付方、投保险种、保险期限等事项的条款。合同保险条款包括的主要内容如图3-5所示。

图3-5 合同保险条款包括的主要内容

（1）投保人

在"2.2 贸易术语分类"一节中，已经学习了不同贸易术语对投保人的不同要求，如表3-13所列。

表3-13 不同贸易术语对投保人的要求

类型	内容概述
EXW、FCA、FAS、FOB、CFR、CPT	合同中的保险条款通常规定"保险由买方办理"。卖方没有办理货运保险的义务，买方应根据情况自行办理
CIF、CIP	《INCOTERMS 2020》中有且仅有的两个规定由卖方替买方代办保险的贸易术语。进出口双方应就投保人、投保险别、确定保险金额的方法与保险使用条款等内容达成一致，并在合同中注明保险条款以及该条款的生效时间。在实践中，通常会以卖方为投保人，以买方为被保险人，或是卖方同时为投保人与被保险人，在取得保险单后再由卖方背书转让给买方
DAP、DPU、DDP	合同中的保险条款通常规定"保险由卖方办理"

（2）保险险别

进出口双方可以根据货物、运输方式等实际情况，选择"3.3.1外贸保险的种类"中提及的一种主险进行投保，同时也可在主险的基础上加保其他附加险。

值得注意的是，最新《INCOTERMS 2020》已经提高了CIP所需的保险级别，要求至少投保《伦敦保险协会货物保险条款（A）》[Institute Cargo Clauses（A），ICC（A）]或相同级别的保险。

《伦敦保险协会货物保险条款》(Institute Cargo Clauses，ICC)，是由英国伦敦保险协会制定的，主要包括ICC（A）、ICC（B）、ICC（C）三种级别，其承保范围依次减小，即ICC（A）＞ICC（B）＞ICC（C）。它们的承保范围排序大致与中国保险条款的一切险、水渍险、平安险一致，却又不完全一样。其中，水渍险与平安险的承保范围分别要大于ICC（B）与ICC（C），而一切险承保范围则小于ICC（A）。

总而言之，即：ICC（A）＞一切险＞水渍险＞ICC（B）＞平安险＞ICC（C）。

在国际贸易实践中，ICC（A）与一切险通常在制成品运输中使用较多，ICC（C）与平安险通常在大宗商品运输中使用较多。

（3）保险金额

保险金额，指的是保险人承担赔偿或给付保险金责任的最高限额，是保险人计算保险金的基础。在国际贸易实践中，保险金额通常会在发票金额的基础上，增加一定的百分比。

在国际贸易实践中，CIF、CIP贸易术语下双方通常约定按照发票金额的110%保险金额进行投保。在使用其他贸易术语时，通常由投保人自行决定保险金额。保险公司将根据投保人提交投保单上的保险金额，乘以保险费率，收取保险费。

（4）保险期限

在正常运输的情况下，保险承保责任的起讫时间通常按照国际保险业中惯用的"Warehouse to Warehouse"（仓至仓条款）规定的办法处理，即：

① 货物保险的效力自作为保险标的的货物运离保险单所载明启运地点时开始生效，至货物到达保险单所载明目的地点或被保险人用作分配、分派或非正常运输的其他储存处所为止。

② 如货物未抵达上述地点或处所，则至被保险货物在最后卸货港全部卸离船舶后满60天为止。

此外，在国际贸易实践中，当事方可以约定延长保险期限。例如，约定延长目的港保险期限，由卖方按发票金额110%投保一切险，包括目的港90天期限；或约定保险责任延长到内陆最后目的地，由卖方按发票金额110%投保平安险，保险责任到某内陆城市为止。

需要注意的是，如果后续出现保险人无法控制的运输延迟、被迫卸货、航程变更等意外情况，导致货物非正常运输，则被保险人及时通知保险人并加付保费后，可以扩展保险期限。

3.3.3 合同保险条款的拟定

在明确了合同中的保险条款主要包括哪些内容后，就可以开始着手拟定具体的条款了。一份国际贸易合同的保险条款部分必须包括3.3.2合同中的保险条款所述4个部分，下面分别是中文与英文两份保险条款样本，供大家参考对照：

INSURANCE：

To be covered by seller for 110% of invoice value against All Risks and War Risks as per CIC of PICC dated 01/01/1981.

保险条款：

由卖方按照发票金额的110%投保一切险与战争险，以中国人民保险公司1981年1月1日生效的有关海洋运输货物保险条款为准。

在国际贸易实践中，在确定贸易合同中保险条款后，通常由投保人以填制投保单的形式向保险人（保险公司）提出保险要求，即要约，经保险人同意承保，并就货物运输保险合同的条款达成协议后，保险合同即正式成立。

3.3.4 货物保险条款的规定

在国际贸易实践中，目前我国出口企业申请办理保险，采用较多的货物保险条款有两种：《伦敦保险协会货物保险条款》和《中国保险条款》。

（1）《伦敦保险协会货物保险条款》

《伦敦保险协会货物保险条款》（Institute Cargo Clauses，ICC），最早由英国伦敦保险协会于1912年制定，最近一次修订于1982年1月1日完成，是目前世界上大多数国家在海上保险业务中采用较多的保险条款。

ICC包括ICC（A）、ICC（B）、ICC（C）3种基本险，以及战争险、罢工险、恶意损害险3种附加险。其中，三种基本险的承保范围如表3-14所列。

此外，3种附加险也需要承保各自的责任，范围如下：

① 战争险　包括下列原因造成的保险标的的损失或损害：

a.战争、革命、叛乱及任何交战方之间的敌对行为；

b.由上述a.款承保的风险引起的捕获、扣押、扣留或羁押以及任何进行此种行为的企图；

c.被遗弃的水雷、鱼雷、炸弹或其他被遗弃的战争武器。

② 罢工险　下列原因造成的保险标的的损失或损害：

a.罢工者、被迫停工工人，或参与工潮、暴动或民变的人员；

b.恐怖分子或出于政治动机而为的人员。

表3-14 ICC三种基本险的责任范围

责任范围	险种		
火灾、爆炸	ICC（A）	ICC（B）	ICC（C）
船舶、驳船搁浅、触礁、沉没、倾覆			
陆上运输工具的倾覆或出轨			
船舶、驳船或运输工具同除水以外的任何外界物体碰撞			
在避难港卸货			
地震、火山爆发或雷电			
共同海损牺牲			
共同海损分摊和救助费用			
运输合同订有"船舶互撞责任"条款，根据该条款规定应由货方偿还船方的损失			
抛弃			
浪击落海			
海水、湖水或河水进入船舶、驳船、运输工具、集装箱或储存处所			
货物在船舶或驳船装卸时落海或跌落，造成任何整件的损失			
由于被保险人以外的其他人（如船长、船员等）的故意违法行为所造成的损失或费用			
海盗行为			
由于一般外来原因所造成的损失			

③ 恶意损害险　主要承保除被保险人以外的其他人的故意损害、故意破坏、恶意行为所致保险标的的损失或损害。注意出于政治动机的恶意行为不在承保范围内。

（2）《中国保险条款》

《中国保险条款》（China Insurance Clauses，CIC），是中国人民保险公司为了适应我国对外经济贸易不断发展需要，根据我国保险业务的实际情况，并参照国际保险市场的习惯做法，制定的保险业务条款。它包括海洋、陆上、航空等保险种类，已经在"3.3.1外贸保险的种类"详细介绍，此处不多赘述。

3.4 报关：向海关申报出口

3.4.1 报关范围

当货物备妥、货物保险办理完毕后，可能会遇到海关要求进行出口申报的情况。报关（Declaration），是指进出口货物收发货人、进出境运输工具负责人、物品所有人或其代理人按照海关的规定，办理货物、物品、运输工具的进出境手续及相关海关事务的手续与步骤。

根据《中华人民共和国海关法》第8条，报关范围的主要类别如表3-15所列。

表3-15 报关范围

类型	内容概述
进出境运输工具	指用以载运人员、货物、物品进出境，并在国际运营的各种境内或境外船舶、车辆、航空器和驮畜等
进出境货物	指一般进出口货物，保税货物，暂准进出境货物，特定减免税货物，过境、转运和通运货物及其他进出境货物
进出境物品	是指进出境的行李物品、邮递物品和其他物品

3.4.2 报关步骤

根据我国海关要求，无论是进出口货物、运输工具还是物品，在办理进出口报关时都应经过如图3-6所示步骤。

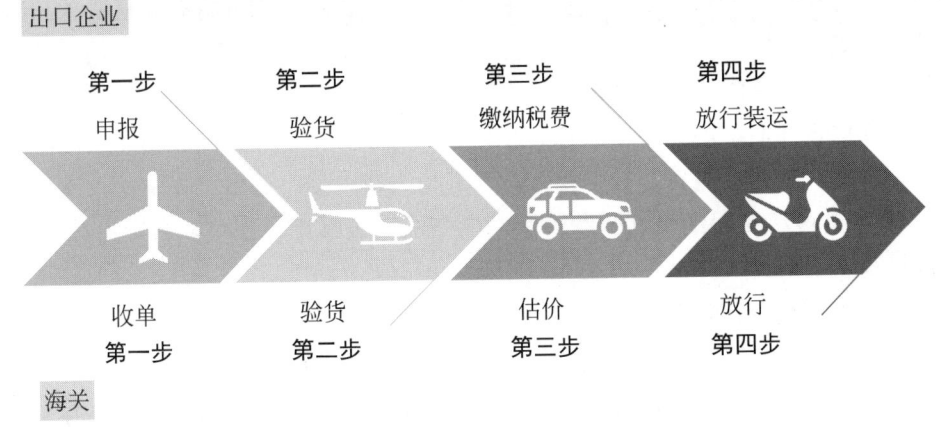

图3-6 报关步骤

（1）进出口申报

进出口申报，是指进出口货物的收发人或代理人在海关规定的期限内，按照海关规定的形式，向海关报告进出口货物的情况，提请海关按其申报的内容放行进出口货物的环节。

在贸易实践中，企业的报关工作通常由专门的报关员负责。报关员进行报关单的填制，具体的报关单证类型如表3-16所列。

表3-16 报关单证类型

类型	内容概述
报关单证	保税区、出口加工区进出境货物备案清单，过境货物报关的转关运输申报单等
基本单证	1.货运单据：如进口提货单据、出口装货单、装箱单等 2.商业单据：如商业发票等
特殊单证	进口许可证、加工贸易货物的《登记手册》、特定减免税货物的《征免税证明》、原产地证明、出口收汇核销单、进出口货物免征税证明等
其他文件	贸易合同、工商营业执照以及企业的其他有关证明文件

（2）配合查验

配合查验，是指申报进出口的货物经海关决定查验时，进出口货物的收发货人或代理人到达查验现场，配合海关查验货物，按照海关要求搬移货物，拆开包装，以及重新封装货物的环节。在海关进行查验时，进出口收发货人或代理人应到场配合，陪同海关对申报货物进行查验，并对查验结果签字确认。

（3）缴纳税费

缴纳税费，是指进出口货物的收发货人或代理人接到海关发出的税费缴纳通知书后，向海关指定的银行办理税费款项的缴纳手续，通过银行将有关税费款项缴入海关专门账户的环节。

根据《中华人民共和国海关法》第29条，除海关特准外，进出口收发货人缴清税款或提供担保后，海关签印放行。经海关审核报关单，并查验货物无误后，海关根据申报的货物计算税费，打印税款缴款书与收费票据。进出口收发货人或代理人在之后15日内，向指定银行缴纳税费，或在网上进行电子支付，否则自第16日开始按日缴纳滞纳金。

（4）提取或装运货物

提取货物，是指进口货物的收货人或代理人，在办理了进口申报、配合查验、缴纳税费等手续，海关决定放行后，凭海关加盖放行章的进口提货凭证或海关通过计算机发送的放行通知书，提取进口货物的环节。海关通常会在提货凭证或出口装货凭证上加盖海关放行章。如果在实行无纸通关的海关，货物的收发货人可根据海关发出的海关放行报文，自行打印放行凭证。

装运货物，是指出口货物的发货人或代理人，在办理了出口申报、配合查验、缴纳税费等手续，海关决定放行后，凭海关加盖放行章的出口装货凭证或海关通过计算机发送的放行通知书，通知港区、机场、车站及其他有关单位装运出口货物的工作环节。

出口货物的发货人或代理人凭加盖有海关放行章的出口装货凭证（如运单、装货单等）办理货物装上运输工具离境的手续。

3.5 交货：与客户交接货物

3.5.1 必须按约定如期交货

当货物办理完出口报关后，就可以进入租船订舱、安排货运的阶段。交货，是指根据双方签订的进出口合同，货物从一方交付至另一方，是最终完成国际贸易合同的关键环节之一。

与国内贸易不同，国际贸易的交货方式更为复杂多变，主要依据是买卖双方在进出口贸易合同中确定的贸易术语。不同的贸易术语对出口商会提出不同的交货条件。

如：使用EXW贸易术语时，卖方只需在工厂、仓库等指定地点，将货物交由买方处置即完成交货；使用FOB贸易术语时，买方负责租船订舱，卖方需要在指定装运港，将货物装运至买方指派船上，即完成交货；使用DDP贸易术语时，卖方需要在指定目的地完成进口清关，将装在运输工具上、处于可供卸货但尚未卸货状态的货物，交由买方处置，即完成交货。

3.5.2 保证按时交货的4个条件

为保证按时交货，贸易各方需要注意达成4个必备条件。

（1）定期安排船运时间

在发货前，出口企业应对发货日期、到货日期、收单日期、接收日期做出一个明确安排，即每月定期发布出口船期表，列明起航时间、航程路线、船名、抵达国家与港口以及沿途停靠港口等。

如此不仅方便供货，还能供托运人在租船订舱时参考。

(2）向承运人发送托运单

托运人根据出口企业发布的船期表与货物出口要求，填写托运单，作为订舱、起运以及出港的依据。同时注意需一式七份，其中第三、四联分别作为装船单与大副收据，连同提取货物为出仓单，在截止收单期前送至海运公司。

如果是租船托运，该份表格将作为订舱依据，其内包括托运人、船名、目的港、货名、标记及号码、件数、重量等项目。海运公司在收到托运单后，将根据贸易合同与信用证条款内容，以及船期、货物情况、货运数量、目的港等因素，认为合适可接受后，在托运单上签章，即宣告完成订舱手续，运输合同正式成立。

（3）确定海运方式

在国际贸易实践中，大型货物通常采用海上运输，而海上运输又可以分为班轮与租船两种类型。班轮运输是指船舶在特定航线上与固定港口之间，按照事先公布的船期，进行有规律的、反复的航行。租船运输是指根据双方协商的条件，船舶所有人即船东，将船舶的全部或一部分出租给租船人使用，以完成特定的货物运输任务，租船人按照约定的运价或租金支付运费的商业行为。两者具体的区别如表3-17所列。

表3-17 海上运输方式

类别	班轮运输	租船运输
服务对象	非特定的分散的众多货主	通常是特定的大宗货物
适用范围	适用一般货物和不是整船的小额货物运输	适用低值的大宗货物，且通常是整船租用运输
灵活性	较差，船期表固定	较好，可避免停船损失
权利义务划分依据	以签发提单条款为依据，并受到统一的国际公约制约	以签订的租船合同为依据
费用	运价合理，运价费率通常相对固定，但一般较高	受市场供求关系影响较大，通常比班轮运输运价低

总的来说，选择何种运输方式还需根据货物种类、运输数量等实际因素进行考量。

（4）货物上船，收取货运单

当船舶与仓位确定之后，海运公司将签发并交付托运单一联作为装货单。该份装货单将成为海运公司或其代理人发给托运人或货代人货物的唯一凭证，同时也是托运人办理海关出口货物申报手续、将单上货物交付客户的单证。

当完成该步骤后，租船订舱至装船各项手续全部完成，后续只需静待货物运达即可。

3.6 收汇：从客户那里收钱结汇

3.6.1 收汇的方式

当出口企业按照合同要求完成交货后，就可以向对方收取约定的货款了，即出口收汇。

出口收汇，是指企业在货物出口后的一定期限内向当地外汇管理部门办理收汇核销，证实该笔出口价款已经收回或按规定使用。我国于1991年1月1日建立出口收汇制度，对企业出口、报关、收汇整个过程实行跟踪的监测管理制度。

企业进行出口收汇业务的流程如图3-7所示。

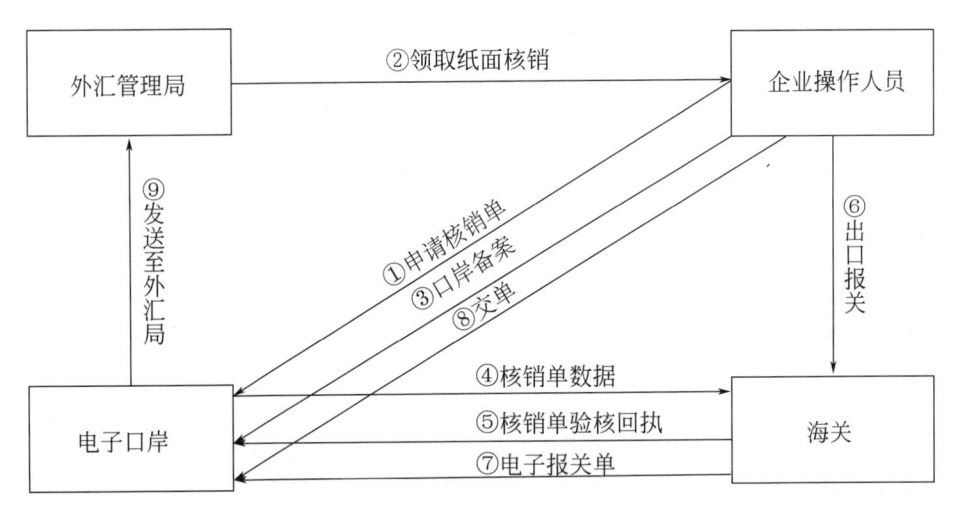

图3-7 企业出口收汇业务流程示意图

货物的发与收形成资金的流入与流出，货物通过运输实现位置转移，而资金通过支付工具实现流动。按照资金的流动方向与支付工具的传递方向，企业收汇通常可通过两种方式进行，即汇付与托收。

其中，汇付是一种顺汇，即资金的流动方向与支付工具的传递方向一致，而托收是一种逆汇，即资金的流动方向与支付工具的传递方向相反。

3.6.2 汇付流程及类型

汇付（Remittance），又称作汇款，是指付款人主动通过银行将款项交至收款人。

（1）汇付的当事人

汇付通常有4名当事人，如图3-8所示。

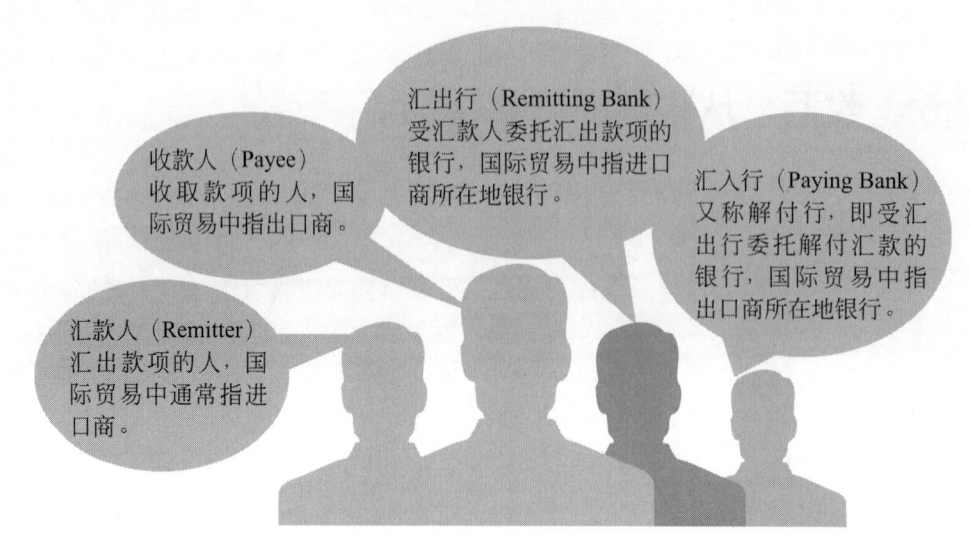

收款人（Payee）收取款项的人，国际贸易中指出口商。

汇出行（Remitting Bank）受汇款人委托汇出款项的银行，国际贸易中指进口商所在地银行。

汇入行（Paying Bank）又称解付行，即受汇出行委托解付汇款的银行，国际贸易中指出口商所在地银行。

汇款人（Remitter）汇出款项的人，国际贸易中通常指进口商。

图3-8　汇付的当事人

（2）汇付的类型及业务流程

在国际贸易实践中，汇付主要有3种类型。

第一种，电汇（Telegraphic Transfer，T/T），是指汇出行应汇款人的申请，拍发加押电报或电传通知汇入行、委托汇入行解付一定金额给收款人的一种汇付方式。电汇的优点在于收款人能够迅速收汇，但缺点就是费用较高。

通常而言，电汇的业务流程如图3-9所示。

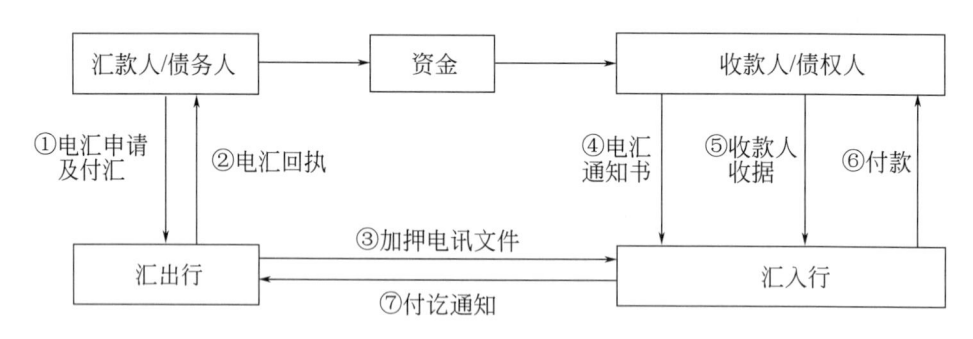

图3-9　电汇业务流程

第二种，信汇（Mail Transfer，M/T），是指汇出行应汇款人的申请，将信汇委托书通过邮局寄给汇入行，授权汇入行解付一定金额给收款人的汇款方式。信汇的优点是费用较低，但缺点是收款人收汇速度较慢。因此，通常是小额、非急需资金使用信汇。

第三种，票汇（Remittance by Banker's Demand Draft，D/D），是指汇款人向汇出行购买银行即期汇票，自行寄给收款人，收款人凭此向汇票上指定的银行取款。

票汇的优点是灵活性强，汇入行无需通知收款人，而是由收款人持票主动上门取款。

同时，除汇票注有限制转让与流通的规定外，汇票经收款人背书，可以被转让，而电汇与信汇均不能将收款权转让。通常而言，票汇的流程如图3-10所示。

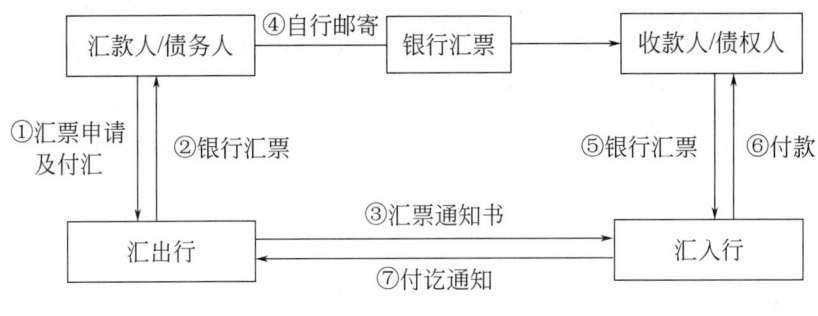

图3-10 票汇的业务流程

3.6.3 托收流程及类型

托收（Collection），是指债权人（即出口企业）出具汇票委托银行向债务人（即进口商）收取货款的一种支付方式。在实践中，托收的基本做法是卖方根据国际贸易合同发运货物，随后根据发票金额开出以买方为付款人的汇票，与相关货运单据一同交至出口地托收行办理托收，委托其通过托收行所在进口地分行或代理行作为代收行，向买方收取货款。

（1）托收的当事人

托收的当事人主要有4个，如表3-18所列。

表3-18 托收的当事人

类型	内容概述
委托人（Principal）	开出汇票委托银行向国外付款人收款的出票人（Drawer），通常是国际贸易中的出口企业
托收行（Remitting Bank）	接受委托人的委托，转托国外银行向国外付款人代为收款的银行，通常是国际贸易中出口企业所在出口地银行
代收行（Collecting Bank）	接受托收行的委托代向付款人收取货款的银行，通常是国际贸易中进口企业所在进口地银行
付款人（Payee）	也是汇票的受票人（Drawee），通常是国际贸易中的进口企业

此外，托收可能还存在提示行、代理人等。通常情况下，代收行在收到托收行发送的汇票与单据后，即向付款人进行付款提示，但有时代收行也可委托当地与付款人有往来账户关系的银行作为提示行，代为进行提示。

此外，出口企业可能为了照料付款地货物存仓、转售、运回等，需要指定代理人代为操作，则必须在托收申请书上写明此代理人的权限。

（2）托收的业务流程

托收的业务流程通常如图 3-11 所示。

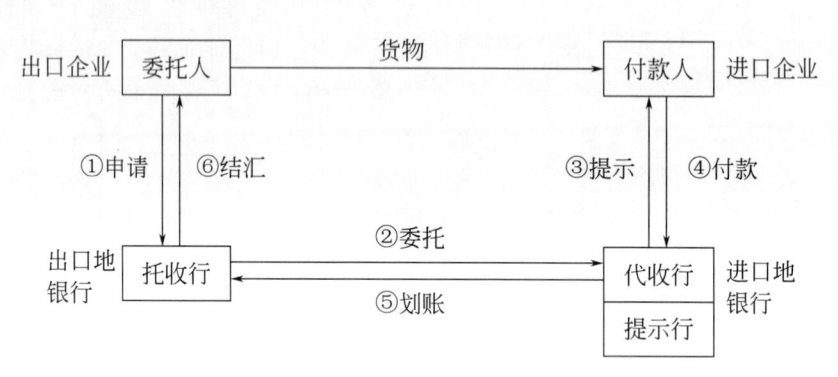

图 3-11 托收的业务流程

托收通常对进口企业较为有利，因为进口企业在收到单据前无需垫付资金，但对于出口企业能否安全收汇则有一定风险。因此，作为出口企业，当对方提出以托收作为收汇方式时，需充分调查对方的资信与经营情况，了解商品在当地市场的行情状况，了解进口国的贸易政策与外汇管理制度，查看是否存在托收业务的某种特殊惯例或做法。

3.6.4 议付

当出口企业按照信用证要求缮制完毕相关单据，将出口货物装船后，则可在信用证有效期内，或在信用证规定的交单日期内，持全套货运单据向银行办理议付。

（1）议付的概念

根据《UCP600》，议付是指定银行在相符交单下，在其应获偿付的银行工作日当天或之前向受益人预付或者同意预付款项，从而购买汇票（其付款人为指定银行以外的其他银行）及/或单据的行为。

甲国出口企业 A 公司与乙国进口企业 B 公司签订贸易合同，由于产品在国际市场需求很高，但 A 公司是小型贸易企业，故较难取得银行授信额度，急需快速资金周转，开展业务与投入下一轮运营。于是，当 A 公司完成货物发运，收到 B 公司开来的即期信用证后，向所在地银行提交全套清洁单据，申请办理出口信用证议付服务。

出口地银行经过审单，确认 A 公司所交单据是相符交单后，先行将信用证项下款项扣除利息与费用后的余额支付给 A 公司。后续，根据信用证期限，出口地银行将单据寄送进口企业开证行相关单据，对方经审单无误后完成付款。

从上述案例可以看出，出口信用证议付可以使企业在实际收汇前提前得到融资款项，加快了出口企业资金周转速度，增加了出口企业当期现金流入量，保障了企业收汇安全。

（2）议付的种类

除了上述常见的信用证结算方式下的议付，还有托收结算方式下的议付，即议付有两种情况，如表3-19所列。

表3-19　议付的种类

类型	内容概述
信用证下的议付	指出口地银行审核受益人交来的货运单据后购进汇票与单据而付款给受益人的行为。根据信用证对议付条款的要求，还可以细分为自由议付与限制议付 1.自由议付：信用证议付条款中通常载明"Available by Free Negotiation"，即受益人可向任何银行申请办理议付 2.限制议付：信用证议付条款通常载明"Restricted to ×× Bank"等，即受益人只能向信用证指定银行申请办理议付
托收下的议付	指出口地银行购进托收项下跟单汇票的行为

因此，无论企业将要办理何种议付，都需要注意议付与付款的区别。议付行因单据与信用证不符等原因，遭到开证行拒付或拒绝承兑时，还可以向受益人追索，而付款行一经付款就无权向收款人追索。换句话说，议付也可以理解为议付行作为代理人，替受益人代为交单与提示付款。

3.6.5　远期支票支付

根据《中华人民共和国票据法》第81条，支票是指由出票人签发的，委托办理支票存款业务的银行或者其他金融机构在见票时无条件支付确定的金额给收款人或者持票人的票据。从定义不难看出，支票通常是见票即付的，而在国际贸易实践中，有一种与之相对的支票，其票面载明支票日期在实际支票日期之后，用于推迟付款，这就是远期支票。

远期支票，是一种民间通俗说法，即签发日期早于票面记载的签发日期的一种支票。

因为远期支票可能导致付款期限过长，变成空头支票，所以多数国家的票据法严禁签发远期支票。《中华人民共和国票据法》第90条规定，支票限于见票即付，不另行记载付款日期。另行记载付款日期的，该记载无效。

同时，早在1989年4月1日，中国人民银行颁布实施的《银行票据结算办法》第三章第十九条就明确规定，单位和个人办理结算，必须严格遵守银行结算办法的规定。不准出租、出借账户；不准签发空头支票和远期支票；不准套取银行信用。

结合以上两条规定来看，在我国票据这方面需要出口企业在国际贸易实践中严格注意，否则将面临货发款失的风险。

第4章
获取客源：综合利用渠道获取客户资源

客户是开展正常外贸工作的保证，没有客户，产品再好，渠道再好，都无法推销出去。但就客户资源开发这个问题，不少外贸企业却犯了难，相对于内销而言开发海外客户更不易。

全球经济动荡，有不少企业已经销声匿迹。而那些存活下来的企业，大多得益于持续的客户开发。接下来将对常见获客渠道进行逐一介绍。

4.1 利用B2B平台

B2B，即Business-to-Business的简称，是指企业与企业之间通过互联网，进行数据信息的交换、传递，从而开展交易活动的商业模式。而B2B平台就是企业与企业之间通过互联网连接起来的网站、互联网商城等。B2B平台已经逐步成为企业开发客户使用频率最高的渠道之一。

（1）B2B平台的主流模式

B2B平台的主流模式有4种，如表4-1所列。

表4-1　B2B平台的4种主流模式

类型	内容概述
垂直型	是专门做某个行业的B2B平台，聚集了众多处于供应链上下游的公司 1.制造商或商业零售商可以与上游供应商形成供应关系 2.制造商和下游分销商可以形成销售关系
关联型	是指相关行业为了提升电子商务交易平台的广泛程度与准确性，整合综合B2B模式与垂直B2B模式建立起来的跨行业电子商务平台
自建型	通常是行业龙头企业自主构建以自身产品供应链为核心的产业电子商务平台
综合型	用于中间市场的水平B2B模式，将每个行业的类似交易过程集中到一个平台，为企业的买方与供应商提供交易机会。该类平台既不是拥有产品的企业，也不是经营商品的商家，只是为买家与卖家在互联网上提供一个平台

（2）B2B平台的发展趋势

随着信息技术的不断创新以及商业服务模式的探索，B2B平台主要呈现出的发展趋势如表4-2所列。

表4-2　B2B平台发展趋势

类型	内容概述
模式呈现多样化发展趋势	市场上各种电子商务模式相继出现，并存并共同发展，从而满足越来越多地参与到电子商务交易中的客户的多样化需求。B2B平台运营商会根据企业、所在行业、目标客户的需求，提供更加专业精细的B2B电子商务平台服务
盈利模式呈现多样化发展趋势	随着互联网技术持续发展推动B2B平台功能的拓展与深入，B2B电子商务平台已经拓展出更多的盈利模式，并且这些模式开始成为B2B电子商务网站的主要盈利模式，如佣金制、竞价排名、线下服务、商业合作、询盘付费等

续表

类型	内容概述
B2B电子商务平台面向行业呈现纵深化发展趋势	垂直类B2B网站快速发展，将更加专注于服务的整合，其细分垂直化服务可以帮助客户更快地找到所需要的信息，而为了克服垂直行业B2B网站的规模限制，该类网站之间将进一步表现出联盟趋向，以获得规模效应和协同效应
B2B电子商务平台的服务功能体验及专业度呈现纵深化发展趋势	B2B电子商务平台将不断完善网站服务功能、提高网站服务水平。随着客户及产品信息的增多，B2B电子商务网站的搜索功能也将更加完善，由资讯提供向更深层次的交易服务转变。B2B电子商务网站的网上分销将成为新的B2B电子商务发展趋势

（3）B2B网站的作用

B2B平台能够对企业起到两个方面的作用，如表4-3所列。

表4-3 B2B网站的作用

类型	内容概述
有助于出口企业降低推广费用，扩大市场机会	企业可以在B2B网站随时发布企业相关信息，大大降低了广告与营销费用，同时依托全球互联网优势，将企业信息传达到世界各地，扩大市场看到公司的机会，能够帮助企业高效促成新订单、新用户，拓宽企业销售渠道
有助于进口企业更直观地"货比三家"	企业可以直接通过B2B网站了解对方的详细信息，用较少时间进行多方比对，匹配出更能满足自身需求的产品，特别是当价格行情存在较大差异、采收数量较大时，或是首次购买产品时，B2B网站能显著起到"货比三家"的作用

（4）B2B平台的类型

B2B平台可以分为3种类型，如表4-4所列。

表4-4 B2B平台的类型

类型	内容概述
信息平台型	买家与卖家双方集中在B2B交易平台上进行信息交流，平台不参与用户行为、不保证平台信息的有效性。这类B2B平台所涉及的行业范围最广，几乎所有行业的产品都可以在同一平台上见到，流量巨大
网络媒体型	以为企业提供广告宣传为主的B2B电商平台。这类电商平台的行业资讯丰富，电子商务信息多是宣传推广的性质
采购服务型	为专门会员提供采购外包服务的B2B电子商务平台。因为该类平台会参与到用户的采购与销售行为中，所以专业性要求更高。其核心竞争力在于为需要采购的企业提供采购服务，为需要销售的供应商促成订单成交

① 信息平台型的典型代表　最典型的信息平台型B2B平台代表就是阿里巴巴了。根据微信公众号"1688商人圈"信息，截至2023年12月，阿里巴巴旗下1688.com买家会员数高达2亿，源头厂商100万家，年交易额高达8000亿元。根据2023年12月31日阿里巴巴国际站行业及商家业务部负责人秦奋接受媒体采访时表示，2023年全年Alibaba.com在北美欧洲以及东南亚市场，活跃用户同比增长均在35%左右，支付买家数同比增长也在35%左右。

② 网络媒体型的典型代表　网络媒体型B2B平台的典型代表是中国制造网。相关报道显示，中国制造网在2023年重点加大了海外买家的流量投放和建设，加强推广移动端策略，使得中国制造网买家App端的活跃用户数同比增长47.6%，同时推出多个小语种网站，包括专门的阿拉伯语言版本的App，使得来自中东、东南亚等新兴市场的商机同比显著增长。中国制造网持续加大对企业海外出海方向的支持力度，整合跨境生态圈内有竞争力的企业，帮助提升制造业企业的出海能力。

③ 采购服务型的典型代表　采购服务型B2B平台的典型代表是乐百供。总部位于美国特拉华州的乐百供（Lbgoo），是全球先进的工业品销售、采购外包服务网络代理商。作为工业品购销服务领域专家，乐百供拥有丰富的全球工业品购销服务经验。

对于采购商，乐百供能够提供给采购商经过优选的制造商、经过专业认证的合格产品。采购商只要向乐百供提交需要采购的工业品的名称、型号、数量等信息，便能在最短时间内收获符合需求的商品。

对于制造商，乐百供能够帮助销售产品，仅根据企业的获利情况，收取很少的服务费。全面降低传统渠道中，企业销售产品需要支付的推广、公关、人员、差旅等各种费用，让企业营利大幅增加。总之，对于采购和制造双方而言，乐百供能够提供一套专业完整的工业品购销服务。

那么，如何选择优质B2B平台？应该关注3个方面，如表4-5所列。

表4-5　选择B2B平台需要关注的3个方面

类型	内容概述
关注B2B平台本身的知名度与曝光量	可以通过各媒体、各大网址导航等渠道，查看B2B平台的知名度，经常重复出现的都是知名度较高的B2B平台。也可以借助站长工具、搜索引擎等，查看B2B平台本身的流量、收录、索引量等
考察竞争对手选择的B2B平台	可以选择行业龙头或与自身规模相当的竞争对手，用搜索引擎搜索对方的产品、服务项目、公司名称，检索出对方在哪些B2B平台进行发布、营销、推广。挑选出其中使用年限久的、续费时间长的，进行重点考察。对其中新拓展平台也可以关注，通常是对手认为有前景的蓝海平台，看看对手的营销效果如何，再进行下一步选择
选择适合行业特性的平台	企业应考虑选择适合行业特性的平台，如产品本身适合多种下游企业，则可以选择综合型或关联型B2B平台，如产品本身只适合单一下游企业，则可以选择垂直型B2B平台

4.2 自建网站

4.2.1 企业自建网站的作用

对于一些大型企业或已经具备一定行业知名度和影响力的新兴企业，自建网站通常是一个开发客户的不错选择。同时，一些在B2B平台已经获得不少客户的企业，往往会搭建自己的官网，并把已有客户引流到上面，以此巩固客户群。此外，对于一些非标准化产品的行业，或需要来图加工、来样加工的企业而言，自建网站也是一个更优选择。

企业自建网站主要有4个方面作用，如表4-6所列。

表4-6 企业自建网站的作用

类型	内容概述
有助于树立企业品牌形象	虽然B2B平台可能会带来更多的流量，但是要树立品牌形象，企业自建网站会给客户传达出一个更加专业的第一印象。一个独立的自建系统能够塑造企业的品牌形象，也更有助于促进企业的品牌推广
有助于企业开拓国际电商市场	企业只要自建网站，并被谷歌等国际搜索引擎收录，就可以直接让企业第一时间"触达"国外客户。企业自建网站可以自己设置语言，让任何一个国家的外国人士都能与公司轻松沟通，帮助企业开拓国际电商市场
有助于企业向客户展示自己的个性化特点	企业自建网站，能够拥有对自家电商系统的绝对控制权，不再局限B2B平台的功能限制，企业可以在这里"随心所欲"地展示自己的个性化特点，客户在这里可以得到更多功能和更好的服务
有助于企业掌握更多客户数据	企业自建网站，所有的客户浏览数据、点击率、客户消费、反馈等数据，都将牢牢掌握在自己手中，不用担心这些数据会泄露或流失，企业可以利用这些自建网站的数据，分析出更多有价值的东西

4.2.2 建立专业化的自建网站

在了解了自建网站的诸多优势后，企业具体该如何建立专业化的企业网站呢？通常有以下两种方法。

（1）委托专业的建站公司进行建站

大部分企业都会委托专业的建站公司来制作。委托专业的建站公司搭建企业官网，可以说是一种最为简单快捷的建站方式。企业只要将自身需求（如核心产品、网站风格等）向对方诉说，就能在双方约定的时间内获得一个专业的企业官网。

委托专业建站公司建站通常需要经过4个步骤，如表4-7所列。

表4-7 委托建站的步骤

类型	内容概述
确定网站需求	自建网站必须先明确建站的目的、目标客户、想展示的主营产品或服务、企业的行业等,做出切实可行的网站设计计划
确定网站规划	企业需要规划的内容包括但不限于网站结构、网站栏目、网站风格、颜色搭配、版面布局、文字图片的运用等,只有在制作网站之前将这些方面都考虑到,才能让制作工作更加顺利,让网页更有特色和吸引力
确定网站风格	企业在确定上述网站需求及规划后,网站设计师会据此设计网站风格,包括整体色彩、网页的结构、文本的字体和大小、背景的使用等。网页设计一般要与企业整体形象一致。完成后,设计者会将设计稿交由企业负责人进行审核
网站内容收集	在对网站进行结构设计之后,下一步就是对每个网页的内容进行一个大致构思,如哪些网页需要使用模板,哪些网页需要使用特殊设计的图像,哪些网页需要使用较多的动态效果,如何设计菜单,采用什么样式的链接,网页采用什么颜色和风格等

在做好上述4个步骤后,企业对创建网站的准备工作已经基本完成,建站公司将负责接下来的制作工作,企业只需要准备专门的对接人员与建站公司进行对接即可。

（2）由企业技术人员亲自建立网站

一些大型企业为了牢牢掌控网站源代码或考虑安全隐私等因素,会聘请专业的技术人员进行网站搭建。技术人员会在收到管理层需求后,通过4个步骤自建网站,如表4-8所列。

表4-8 自建网站的步骤

类型	内容概述
注册一个便于搜索的域名	企业申请域名需要到网络服务商申请,通过ASP网络服务商来注册一个域名,格式通常是"www.×××.com"。其中,×××部分企业可以根据自身需求来填写,通常由纯英文或英文加数字的形式组成。企业通常以自己的企业英文名、英文缩写或是汉语拼音等来注册
租赁大容量的虚拟主机	虚拟主机,用来存放企业网站的内容,如产品图片、文字介绍等。通常而言,一个正常规格的企业网站需要租用一个容量在100MB左右的虚拟主机。对于刚刚建立官网的企业来说,这个容量足够用来存放数千张普通图片与百万字的文字介绍
为域名绑定电子邮件	在企业注册完毕域名与租赁虚拟主机后,还需要注册一个由域名作为后缀的电子邮箱,并进行绑定。企业可以自由设置自己喜欢的账户名,也可以更换邮箱的标志图像,还可以建立多个相同后缀的账户,分别发送给同事和朋友
进行个性化的网页制作	一个网站通常由多个网页组成,而制作网页可以选择现成的模板,或是由公司专业的技术工程师进行编写

完成上述4个步骤后，企业自建官网就已初步成型，可以进行后续的推广、SEO（基于搜索引擎优化）等工作。

4.2.3 自建网站如何吸引客户

企业自建网站的步骤大致相同，但效果却千差万别，如何让自建网站吸引客户就成了每一家企业的必修课题。企业通常应注意6个方面问题，如表4-9所列。

表4-9 企业自建网站吸引客户的方法

类型	内容概述
保证网站加载速度	在这个信息爆炸的年代，如果一个网站的加载速度超过20秒，那么会让很多用户还没等到网站打开，就会直接关掉网站，转去你的竞争对手的网站
网站模块必须相互关联，并为用户提供良好体验	企业网站需要细分网站中的模块，以便让用户更加容易找到返回或去往其他页面的途径。网站的导航栏目必须清晰，注意该层结构的设置不得超过3层，从而保证用户的良好体验
企业网站的界面应尽量简洁大方	一个专业的企业网站，其首页应当简洁大方，功能/选项一目了然，给客户的第一印象是尽可能凸显出企业的专业性、企业管理层的审美、企业的特色等。而这些都与网站建设中的排版、配色、设计有关
企业网站建设中图文布局要合理	企业建设网站的过程中，应注意将文本与图片结合起来，合理布局，帮助用户快速提取有价值的内容，突出企业文化和企业产品优势
企业网站要定期更新企业动态	企业应专人专管企业官网，定期更新企业动态，及时发布新产品、新技术、新研发等，尤其是注意上传一些吸引用户的图片和用户想要了解的信息内容，以便留住用户
优化网站关键词，提高网站在互联网上的排名	企业应有专业技术人员对网站进行搜索引擎关键词的优化，建立外链来提高网站流量，这对企业发掘潜在客户有着极其重要的作用

4.3 利用搜索引擎

4.3.1 搜索引擎工具的优势

如果说注册B2B平台受制于平台，自建网站有点"守株待兔"，那么利用搜索引擎开发客户就是主动出击了。企业通过搜索引擎开发客户，实际上在国际贸易领域里是一种十分常见的手段。企业通过搜索引擎开发客户的优势主要有4点，如表4-10所列。

表4-10 利用搜索引擎开发客户的优势

类型	内容概述
投资回报比较高	传统的营销手段，如平台、展会、关键词优化等，投入成本很高。通过搜索引擎开发客户的成本相对来说较低，且投入产出比较高，适合想要"以小博大"的企业
对优质客户主动出击	企业可以通过搜索引擎，开发全球优质客户。企业只需要把公司和产品主动推广给客户，让更多客户看到企业的产品信息，就可能获得客户更多的询盘，化被动为主动
海量获取全球优质客户	企业可以通过搜索引擎搜索出客户信息，找到对方的官网，通过官网可以知道对方的规模，判断公司购买力，从而有效地区分客户的级别和质量
客户开发覆盖面广	通过搜索引擎可以获取全球客户的联系方式，如邮箱信息、传真、电话、即时通信软件等

4.3.2 使用搜索引擎的诀窍

在外贸领域，提到使用搜索引擎，绝大多数人的第一反应都是谷歌。下面就以谷歌搜索为例，介绍一下使用搜索引擎的诀窍，如表4-11所列。

表4-11 使用搜索引擎的诀窍

类型	内容概述
搜索"产品名称+importer（s）"	输入"产品名称+importer（s）"，可以检索出很多有关产品的买家信息
搜索关键词加上双引号	输入关键词时，注意将双引号与关键词同时输入。这样查出来的结果关键词不会分开。如"glasses+importer（s）"
搜索"产品名称+目标客户类型"	用"distributor（经销商）""wholesaler（批发商）""retailer（零售商）"等对应的关键词替代"importer"可以搜索不同类型的客户，减少后续分类工作
搜索"price+产品名称"	输入"price+产品名称"来找到国外在论坛、社交软件上留过问价或讨论产品价格的公司，进一步发现潜在客户
搜索"buy+产品名称"	输入"buy+产品名称"，可以找到在论坛、社交软件上留过求购信息的公司，进一步发现潜在客户
搜索"产品名称+关联产品名称"	可以尝试在检索自家主打产品时，尝试着加上其相关产品，也许对方也有成为潜在客户的可能
搜索"产品名称+行业中著名买家的公司名称"	可以尝试将所知行业内某些著名采购商的名称与产品名称一起输入搜索引擎进行搜索，查看对方有无需求
Allintitle高级搜索法	在关键词前面加上"Allintitle"，这样所有关键词都会出现在搜索结果的标题中，可以加强结果准确性与买家信息相关性

续表

类型	内容概述
使用小语种搜索	使用小语种搜索，以开发母语非英语国家的客户
使用专业文档搜索	输入关键词时，可以尝试加上"filetype：pdf（或doc、ppt、xls、rtf、swf、kmz、kml、ps、def等）"，能筛去很多杂乱的新闻等干扰信息，有助于提升信息搜索的准确性与针对性

4.4 利用电话

4.4.1 利用电话寻找客户的优势

电话营销是一种传统拓客手段，在国际贸易中有着自身的优势，主要优势如表4-12所列。

表4-12 利用电话开发客户的优势

类型	内容概述
及时沟通，满足客户需求	在如今这样一个信息发达的社会，谁对客户的反应快，谁成功拿下订单的概率就高。使用电话可以让客户第一时间反馈需求，提供针对性服务，抢占市场先机
保持沟通，强化客户忠诚度	与客户定期电话沟通，可以维持客户与企业之间的密切联系，展露企业人性化一面，增强客户对企业的忠诚度
通过语音，了解客户真实需求	与冷冰冰的文字沟通不同，电话沟通最大的优势是缩短了与客户之间的距离，能通过客户的语音语调、说话方式，快速了解到对方的真实意图

4.4.2 给客户打电话的五个小妙招

电话拓客有着诸多优点，下面总结出给客户打电话的五个小妙招，如表4-13所列。

表4-13 给客户打电话的小妙招

类型	内容概述
电话沟通前的准备阶段	进行正式电话沟通前，必须记住客户的名字与对方公司的名称。可以建立该客户的跟进记录，写上这一次电话沟通的目的，并按顺序排列出来，明确其中的最终目的，防止后续在与客户电话沟通时"跑题"
简洁的自我介绍	在与客户电话沟通时，需要进行简短的自我介绍，通常包括个人、公司、国家等。这里需要注意的是

续表

类型	内容概述
简洁的自我介绍	1. 不要耗费大量口舌在介绍城市上，除非有特殊情况，大多数外国人对于中国具体城市事先并没有过多印象 2. 当公司名称过长时，需要缩短或介绍简称 3. 注意放缓语气，并加强重音，可以引起客户注意，并给客户一个记忆你的时间
向客户礼貌问好	需要向客户礼貌问好，如果客户恰好不在，可以尝试询问能否留言，或询问何时归来，为下一次电话沟通作铺垫
注意直奔主题	当客户在时，对话应直奔主题，开展话题。注意千万不要夹过多"啊""嗯""额"等中文语气词，并省略一些不必要的停顿。可以使用"yeah""well""ok""I got your idea"等外国人常用语气词代替
注意结束语	要注意结束语，才能凸显企业的专业性，切不可以一句"byebye"就草草了事。在挂掉电话过后，可以马上以电子邮件继续跟进、趁热打铁

4.5 利用国际会展

4.5.1 外贸交易会面对面沟通更有效

相比电话沟通，外贸交易会能直接与客户面对面交流，彼此之间的沟通更加有效，其优势主要在8个方面，如表4-14所列。

表4-14 外贸交易会的优势

类型	内容概述
后续工作量少，整体签单率较高	在展会上，与客户有充分的时间进行沟通交流，展会结束后，那些有意向的客户会主动联系磋商或下单。企业后续工作量较少，平均签单率较高
能够结识大量潜在客户	根据美国麦格劳·希尔（McGraw Hill）调研结果，以一家参展商摊位上的平均访问量为基数，88%的人为新的潜在客户。对于参展公司的产品和服务来说，49%的访问者正计划购买那些产品和服务
能够展示企业的实力	企业可以通过事先安排专业的展台职员、积极进行展前和展中的促销活动、设计引人入胜的展台，来提升自己的竞争力，展示自身实力
重新唤醒老客户	对于那些许久不下单却又不好叨扰的老客户，可能也会来逛展会，可以通过当面展示实力、热情招待、发送公司最新产品资料、赠送公司赠品、展后一同用餐等方式，重新唤醒与对方的融洽关系

续表

类型	内容概述
向潜在新客户提供产品试用	展览会是一个企业为潜在新客户集中演示产品或让其感受服务的绝佳时机与场所
对竞争对手进行分析	在同一片参展现场，企业竞争对手之间的差异都一目了然，可以利用这个机会，对对方进行竞品分析，调整竞争策略
提升企业知名度	在国际贸易展会上，通常会有不少媒体记者进行采访。一旦接受他们的专访，企业在国际上的知名度必将得以提升
有助于企业进行市场调查	如果企业正在计划推出一款新产品或新服务，则可以在展会上与参观者直接进行面对面调查，了解他们的要求，收集一手反馈信息

4.5.2 参加外贸交易会的注意事项

在了解了参加外贸交易会的优势后，企业在正式参加展会前，该如何充分准备？以下5条注意事项非常重要，如表4-15所列。

表4-15 参加外贸交易会的注意事项

类型	内容概述
设立明确的参展目标	在参加外贸交易会前，企业应明确本次参展的目标，如销售一定数量的库存。企业可以有多个参展目标，但关键是分清主次
根据目标选择适合企业的展会	企业应根据目标，选择能给你的企业带来最佳投资回报的展会。如目标是现场销售，可以选择所在行业的行业展会。如希望拓展新市场，可以选择目标行业的行业展会
提前预订展位	企业应详细了解展览展位的全部信息，如企业的展位位置、周围的布局、附近的人流量等，提早预订展位。大型贸易展会对提早预订的企业提供大量折扣，而提早预订也有更多可选的参展位
根据目标受众来布置展台	企业可以自行或委托专业的布展公司来布置展台，并根据本次展会的目标客户、参展的主要目的，来选用不同的展示方式，如：有些企业想展示新产品，可以提前布置实物演示区
提前做参展宣传	企业可以通过发布朋友圈广告，向客户、供应商及其他关联方发送邀请，来宣传自己本次参展。如有自建网站，则务必在官网上进行宣传。开通视频平台直播也是一个不错的宣传途径

4.5.3 参展中如何与客户交流

展会上每一分钟都非常宝贵，这就要求掌握一些交流技巧，以尽可能在短时间里加深企业留给潜在客户的印象。通常而言，在展会上应注意这4点，如表4-16所列。

表4-16 展会上与客户交流注意事项

类型	内容概述
优先发掘买家背景信息	对于那些主动来到展位的客户可以问一些与专业关联的背景问题，如客户来自哪个国家，可以在接下来的会谈里，针对性介绍符合对方国家市场标准的在当地适销的产品。客户发现你对于他们国家熟悉时，将更乐于与你讨论产品
避免急功近利的快速销售	应有目的地运用语言，引导对方对产品产生兴趣，并切忌说类似"我们的产品比同类产品价格要低"的说法。较低的价格只是产品竞争力的一小部分，如只谈价格，客户会理所应当地认为我们对产品价值的其他重要部分并不了解，不够专业
学会走出展台"主动出击"	在商展上接待客户，有两种方式：一种是守株待兔，等待客户上门；另一种是主动出击，邀请客户。大部分企业往往只做到第一种，错过了很多机会。有些买家会因为害羞或展台上人太多，又被其他展台吸引，这时"主动出击"是最佳策略
沟通过程中切忌急于展示	在开场白中简单地评估客户、了解客户对产品的兴趣后进行个性化销售，为客户提供解决方案，通过观察客户的反应来调整下一步策略，切忌急功近利

第5章
磋商谈判：做好营销推广，打赢谈判之战

在整个对外贸易过程中，磋商谈判是一个重要环节，即买卖双方就某个或某批商品的合作条件进行协商达成一致的过程。达成一致就意味着双方有了初步合作的意向，甚至可以直接签订买卖合同。

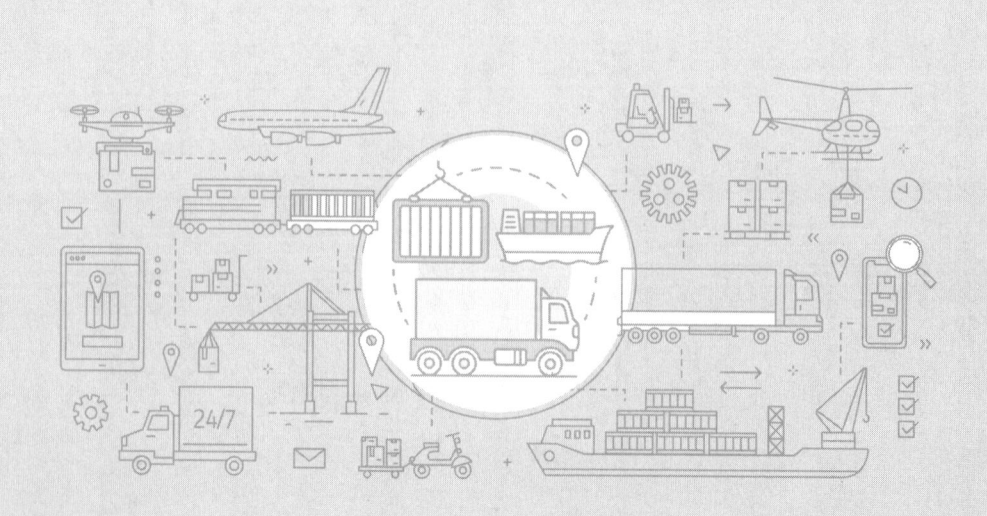

5.1 与客户磋商：明确买方的合作意向

5.1.1 磋商的内容

经过前期的客户发掘，与那些可能有合作意向的潜在客户取得联系。然后就进入了下一个阶段：磋商阶段。磋商，就是国际贸易买卖双方就商品的各项交易条件进行谈判，以期达成交易的过程。磋商主要内容如图5-1所示。

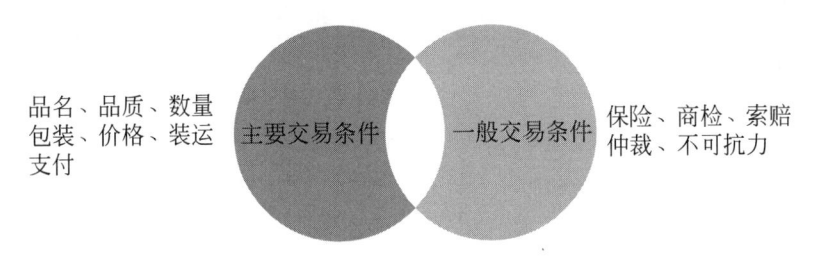

图5-1 外贸谈判双方磋商的主要内容

5.1.2 磋商的阶段

买卖双方磋商过程通常包括4个环节，如图5-2所示，其中，前两个是必不可少的基本环节，接下来逐一介绍。

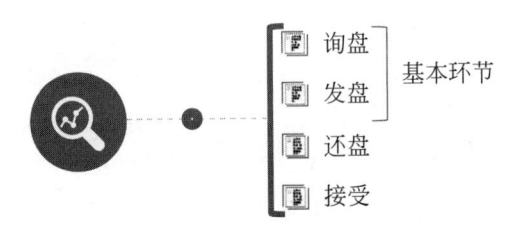

图5-2 买卖双方磋商过程包括的环节

（1）询盘

询盘（Inquiry），也称作邀请发盘，是指交易的一方为了购买或出售某种商品，向对方询问买卖该商品的有关交易条件，包括商品的价格、规格、品质、数量、包装、装运、索取样品或商品目录等。

由买方发出的询盘被称作操盘（Buying Inquiry），由卖方发出的询盘被称作索盘（Selling Inquiry）。询盘可以是口头形式，也可以采取函电形式。因此，询盘的内容对于询盘人与被询盘人都不产生法律约束力。下面给出询盘的示例。

> I am interested in your ×××. I have seen your catalogues. I think ××× will find a ready market in my New York. Here is a list of requirements. I would like to have your lowest quotations, CIF New York.
>
> 我对贵公司的×××产品很感兴趣。在看了商品目录后,我觉得它们会在纽约很有销路。这是询价单,希望能收到贵公司关于"CIF纽约"贸易术语下的最优价格。

(2) 发盘

发盘(Offer),也称报盘、发价、报价,法律上称为"要约",是指交易的一方向另一方提出某项商品的交易条件,并表示愿意按照这些条件与对方达成交易、订立合同的行为。

发盘可以应对方询盘的要求发出,也可以是在没有询盘的情况下,直接向对方发出。同时,与询盘类似,发盘通常由卖方发出,但也可以由买方发出,前者被称作售货发盘(Selling Offer),后者被称作购货发盘(Buying Offer)。

根据《联合国国际货物销售合同公约》规定,发盘既是商业行为,也是法律行为,具备法律效力。在发盘有效期内,发盘人不得任意撤销或修改发盘内容。如果对方在收到发盘后,在发盘的有效期内,表示了对该发盘的无条件接受,则发盘人将受其约束,并承担按照发盘条件与对方订立合同的法律责任。

下面给出发盘的示例。

> We thank you for your inquiry of May 5th 2022, asking us to make you a firm offer for ×××. We have sent a letter this afternoon, offering you 10,000 bags of ×××, at USD 50 net per bag CFR Shanghai for shipment during November subject to your order reaching here by May 31th 2022.
>
> 感谢贵公司于2022年5月5日发来的询盘。今日下午我司已去函,报10000袋×××产品每袋50美元CFR上海港的净价,装运期为11月,以2022年5月31日前复到为准。

(3) 还盘

还盘(Counter-offer),又称还价,是指受盘人在接到发盘后,由于不能完全同意发盘的内容,为了进一步协商,对发盘提出修改意见的行为。

还盘无需体现"还盘"字样,只要在内容上表示对原发盘的修改即可。但需要注意的是,如果在还盘中没有提出修改的交易条件,则意味着还盘人已经同意。

还盘一经作出,原发盘即失去效力,发盘人不再受其约束。还盘是受盘人向原发盘人提出的新的具有法律约束力的发盘，具备与发盘同样的法律效力。下面给出还盘的示例。

> I think it unwise for either of us to insist on our own price.How about meeting each other half way and each makes a further concession so that business can be concluded.
>
> 我想双方都坚持己见是不明智的，不如彼此之间都退一步，生意就能成交了。

（4）接受

接受（Acceptance），是指受盘人接到对方的发盘或还盘后，无条件同意对方提出的条件，愿意与对方达成交易，并及时表示出来的行为。

接受在法律上又称作承诺。由此可见，接受与发盘、还盘一样，既是一种商业行为，也是一种法律行为，具备同样的法律效力。接受表示双方的交易正式达成，合同正式成立。

接受可以由卖方发出，也可以由买方发出，只要在对方发盘或还盘的有效期内进行即可。同时，接受的形式可以简单明了，也可以复杂详细。下面给出接受的示例。

> 简洁版：Your 20th cable confirmed. 你方20日电我方确认。
>
> 详细版：Your 20th cable we accept ××× WWW grade iron drum 100 bottles USD 200 per botttle CFR Zhoushan July shipment irrevocable L/C at sight. 你方20日电我方接受，×××商品WWW级桶装，价格条款为"CFR舟山200美元/桶"，7月装船，支付方式为不可撤销信用证。

5.2 产品介绍，让客户充分了解产品

5.2.1 FAB利益销售法，提炼产品的卖点

知道了磋商的具体流程后，为什么同样的步骤下，有的企业能够"拿下"客户，有的则"无单而返"？究其原因在于，你没有让客户充分了解产品。

FAB利益销售法，是一种能让客户充分了解产品的推销方法，即在进行产品、

销售政策（进货政策）、销售细节等介绍的时候，针对客户需求意向，进行有选择、有目的的说服，具体要求如表 5-1 所列。

表5-1　FAB利益销售法

类型	内容概述
属性或功效 （Feature）	即向客户介绍产品有哪些属性或功效。如"我们的这款笔记本电脑重量只有 1kg"
优点或优势 （Advantage）	即向客户介绍产品区别于竞争对手的优点或优势。如"相比于市面上正在销售的其他功效相同的笔记本电脑，我们的这款十分轻薄，重量只有 1kg"
客户利益与价值 （Benefit）	即向客户介绍产品这一优点带给客户的利益与价值。如"相比于其他功效相同的笔记本电脑，我们的这款十分轻薄，重量只有 1kg，非常适合像你这样经常出差的商务人士，您可以随时随地用它来办公"

总而言之，FAB 利益销售法关注的是客户的买点，即在向客户进行产品推介时，从商品本身的特点、商品所具有的优势、商品能够给客户带来的利益这 3 个层次，加以分析、记录，并整理成产品销售的诉求点，说服客户，促进成交。

5.2.2　推荐产品要注重"精"与"巧"

买卖双方迟迟无法达成合作，可能是因为你的产品达不到客户预期，也可能是你的产品大大超出了他们的预期，进而让客户觉得你不够专业。只有推荐符合客户预期的产品，才能更好地留住客户。

这就要求在推荐产品时，更加注重"精"与"巧"。

（1）精：锁定产品范围，精准推荐

在向客户推荐产品时应先了解客户的喜好、需求、可接受的价格范围等，然后再锁定产品的大概范围，进行综合考量，精准推荐，以更好地满足客户心理预期，促进双方合作。

（2）巧：全局考虑，巧妙推荐

客户需求与心理会随着市场的变化而不断变化，可以尝试转变推介方式。如当客户看中了 A 产品，但是因价格较高而犹豫不决时，可以给客户推荐等级低一点的 B 产品，让客户通过比较，认识到这款产品的价格贵或交货期长都是有原因的。

总而言之，在向客户推荐产品时，外贸员既要做到职业化，又要懂得变通，能根据客户不同的需求提供适合的产品。

5.2.3　从附加值切入，提高产品宣传效果

推荐产品时，也可以尝试着利用产品的附加值，抓住客户心理痛点，起到"触类旁通"的效果。附加值，就是附加价值的简称，是指在产品原有价值基础上，通

过生产过程中的有效劳动新创造的价值,即附加在产品原有价值上的新价值。

通常情况下,挖掘产品附加值可以从4个方面入手,如表5-2所列。

表5-2 挖掘产品附加值

类型	内容概述
企业品牌	企业品牌,是企业最重要的无形资产之一,名牌本身就代表了一种高端的质量、档次、服务。企业在进行磋商时,也会关注对方的品牌。那些在行业内已经具备一定名气的公司,或是刚刚拿下知名奖项的公司,都会成为客户衡量的一个标准
设计技术与生产工艺	随着现代科技进步与发展,很多产品在设计技术与生产工艺上都有了巨大创新。这些创新既能使得产品适应时代发展的需要,又能提升产品的档次,从而使产品在使用时更加简便、顺手、节省人力、节约资源等,由此就衍生出了附加值
打造热销产品	热销产品不仅是企业的招牌,还可以为企业引流,在B2B平台获得更高的产品权重。当客户搜索某款产品时,热销产品可能会出现在相关产品的醒目位置,吸引客户点进店铺,并查看店铺的其他产品
用户使用体验	用户体验是每一位客户在真正使用过产品后才会拥有的真实感受。企业在宣传产品时,可以将其作为一个宣传口号。如:游戏机虽然现在很少有人在玩,但一经推出,还是会有人为它买单,因为这些客户买的就是游戏机上的附加价值——情怀

总而言之,不同产品有不同的附加值,对于不同的客户来说,这些附加值在他们心中的地位各有不同。企业只有从附加值切入,为产品赋予不同的卖点,才会让客户甘愿买单。

5.2.4 视觉营销,用冲击力帮你拿下客户

根据2019年6月坦桑尼培训师阿卡什·P.卡里亚对200多场演讲的深入研究发现,演讲三天后,大多数人只记得演讲内容的10%,但如果添加一张照片,人们则能回忆起的演讲内容最高可达65%,这就是视觉营销的效果。

视觉经销,就是通过视觉传达,让你的产品吸引潜在消费者,引起他们的购买欲。对于普通人来说,没有人会拒绝颜值高、吸引人的东西,在眼球经济与颜值消费的时代,审美力与视觉表现逐渐成为俘获市场关注、打造企业品牌竞争力与差异化的"主战场"之一。

企业通常可以从以下两个方面入手。

(1)品牌视觉营销

品牌视觉,是指一个品牌能够给人们带来的视觉感受,包括品标识、标签、代言人、包装、宣传口号等。这些都能向客户传达公司鲜明的品牌内涵与特征,给客户留下深刻印象。

（2）产品视觉营销

企业需要对产品进行包装，在设计宣传海报、PPT、视频时，可以增加一种视觉上的冲击力，从而加深客户感官上的印象。

总而言之，企业在进行客户开拓时，可以运用视觉营销思维，向潜在客户多维度、多层次展示企业的竞争力与产品的吸引力。

5.3 报价还盘：掌握技巧，别让价格阻碍成交

5.3.1 影响产品报价的四大因素

在国际贸易磋商中，价格是谈判的重中之重。与国内贸易不同的是，国际贸易企业进行产品报价时会受到4个因素影响，如图5-3所示。

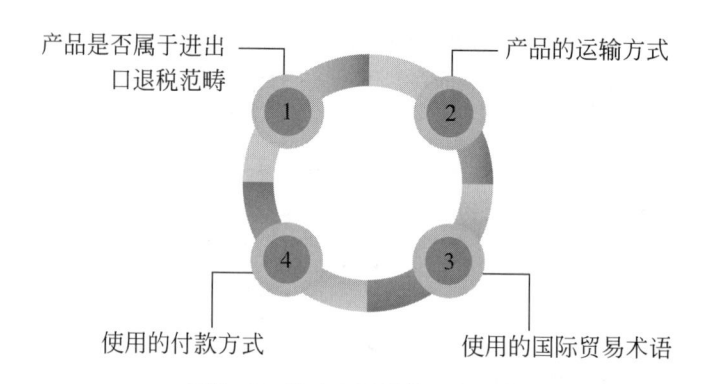

图5-3 影响产品报价四大因素

（1）产品是否属于进出口退税范畴

如果企业产品在国家规定的进出口退税范畴里，则企业在报价时，可以把进出口退税也考虑进去。有不少企业在向采购商报价时，会直接报这部分成本。

（2）产品的运输方式

产品的运输方式会影响到产品报价，运费贵的报价一般也会高。在国际贸易实践中，空运通常比公路运输要贵，公路运输通常比铁路运输要贵，而铁路运输通常比海洋运输要贵。

（3）使用的国际贸易术语

不同的贸易术语也会影响到产品报价，如采用FOB报价通常要比CIF的价格便宜，因为CIF（Cost Insurance and Freight，成本加保险加运费）比FOB（Free on Board，船上交货）多出一项保险费用。

（4）使用的付款方式

与国内贸易不同，国际贸易的付款周期较长，出口商将会面临一定的汇率风险与汇兑损益。为了规避这样的风险，企业会愿意稍微降低一些报价，通过让利来推动买家使用对自己有利的付款方式。

5.3.2 做好产品的合理定价

"没有卖不出去的产品，只有卖不出去的价格"，在同质化竞争日益严重的当下，企业必须掌握一定的定价策略、原则、方法等，做好产品的合理定价。

（1）产品定价的基本原则

一个好的产品定价通常会遵循一定的报价原则，这些原则能帮助企业做到对短期利益与长期利益的兼顾，主要有3个原则，如表5-3所列。

表5-3　产品定价的基本原则

类型	内容概述
有利原则	即产品的定价必须对企业有利，能够实现企业的经营目标，如提高企业竞争力、市场占有率等
合法原则	即产品的定价必须严格符合国内外法律法规的政策要求
合理的价格界限	即产品报价应有合理的价格上下限，其中合理的价格下限应尽量维持在盈亏平衡点以上，合理的价格上限应该在目标客户的承受范围之内

总而言之，产品的合理定价既能够使企业获得合理利润，又能让客户受益。

（2）产品定价的方法

在掌握了产品定价的基本原则后，就可以着手进行产品定价了。产品定价在遵循一定原则下，再根据具体情况进行定价。通常有两种定价方法，如表5-4所列。

表5-4　产品定价方法

类型	内容概述
固定价格定价法	即买卖双方明确约定成交价格，履约时按此价格结算货款。这是国际贸易中最常用的方法
非固定价格定价法	通常适用于行情频繁变动、价格涨落不定且交货期较长的贸易合同中，可以使买卖双方避免承担市价变动的风险。如：按提单日期的国际市场价格计算，或近期交货的商品采用固定价格+远期交货的产品采取非固定价格的组合报价方式

5.3.3 写出有竞争力的报价单

都说"好马还需好鞍配"，如果产品定价是好马，那么报价单就是好鞍。企业在给产品确定了一个合理定价后,就需要制作报价单发送给客户。在"2.3.5 报价单"中,已经介绍过国际贸易报价单的格式与基本内容,本节将侧重介绍报价单的具体细节与一些注意事项。

(1)制作报价单的要求

一份具备竞争力的报价单通常都会满足 3 点要求,如表 5-5 所列。

表 5-5　制作报价单的要求

类型	内容概述
提供详尽规范的产品信息	一份好的报价单必须详细、规范地展示产品的图片、型号、尺寸、包装、付款方式等,绝对不能仅仅是在邮件里报个价这么简单
方便客户后续下载与使用	客户可能每天都会收到大量报价单,并会对来自不同供应商的报价单进行比较筛选,这时如果你的报价单客户一下载就能使用,那么被客户青睐的概率就得以大大提高
方便客户归档,作为备忘再次使用	一份好的报价单不一定在第一轮采购中就获得青睐,但是只要你被客户选中并归档成为备忘的目标,那么接下来成为客户联系对象的可能性就将大大提升

(2)制作报价单的注意事项

在明确报价单的要求后,还需要注意 8 项细节。

① 在邮件正文里写上关键细节　如报价概述、公司的优势等,以促使客户有兴趣打开报价单。

② 注意报价单的名字　通常都是公司名称加产品名称,以保证客户下载之后,能让客户一目了然。

③ 注明报价单的收件人　可以在报价单开头写上致某客户、报价单制作时间与有效期。

④ 在报价单抬头加入细节　在报价单抬头部分加入自己公司的标志、名称、电话、传真、邮箱、理念、口号等,以展示公司的专业度和企业形象。

⑤ 附上公司简介,重点突出企业优势　如企业历史年数、企业获得的专业认证等,并附上印有水印的公司办公室、工厂、车间的图片。

⑥ 介绍产品卖点　可以使用 FAB 法则告诉客户产品的价值所在。

⑦ 提供至少两种格式的报价单　首选 Word 文档格式,以方便客户后续自行修改使用。还可以提供一个更为正式的 PDF 版本,以防止 Word 版本差异导致文档排序错乱的问题出现。

⑧ 注意分段排版　一份好的报价单不会出现大段大段文字,同时使用不同颜色来标记重点内容,并附上图片,形成图文交叉的排版,防止客户产生视觉疲劳。

5.3.4 做出专业回复，反还盘也能与众不同

如果客户对报价单有异议，那么通常会进行还盘。这时需要对客户发来的还盘进行回复，进一步磋商，这就是反还盘。反还盘（Re-counter Offer），是指发盘人对还盘人的还盘提出新的意见。一场交易达成通常需要经过多次还盘与反还盘。

一份专业的反还盘通常有5点要求，如表5-6所列。

表5-6 反还盘的注意事项

类型	内容概述
表达感谢	首先需要感谢对方的还盘，并简要重复对方信函的主要内容，以示尊重，展现出我们认真阅读分析过对方的信函内容
表达接受或拒绝	如果对对方的还盘予以接受，那么就需要在信函中明确表达出来。如不能接受，需要在信函中表达出不能接受的态度，注意切忌强硬，应委婉表示出遗憾
解释不能接受的理由	在表明不能接受对方还盘后，需要紧接着给出一个不能接受的客观、合理的理由
就对方的还盘提出修改建议	基于给出的理由，提出对对方发来的还盘的具体修改建议
表达互惠合作的意愿	最后必须在还盘末尾表达出期望收到对方回复，反还盘能够被接受，互惠合作能够达成的积极愿望

下面给出一份反还盘以供参考。

Dear sirs,

We have received your offer of April 20, in which you think that our price for the subject article is found to be on the high side.（简要重复买家信函的主要相关内容）

Much as we would like to coopertate with you in expanding sales, we are regretful that we just cannot see our way clear to entertain your counter-offer, as the price we quoted is quite realistic and your counter-offer is under our cost, because the raw material itself has been increased very much. As a matter of fact, we have received a lot of orders from various sources at our level. Moreover, after investigation to your market, we trust that it will not be difficult for our products to be a footing in your local market if you should manage to do some marketing work.（表示遗憾，不能接受对方的还盘，并解释理由）

If you see any chance to do better, please let us know. On account of a limited supply available at present, we should ask you to act quickly.

> In the meantime, please keep us posted of developments at your end. Please rest assured that we would always do our best to help you and promote the sales of our goods in your area.（希望还盘被接受，表达互惠合作的愿望）
>
> Yours faithfully.
>
> （Signature）

5.3.5 产品价格报错了怎么办

报价单一经发出即具备法律效力，如果在发出后才发现产品的报价搞错了，那么该怎么办？具体可以分为以下两种情况来操作。

（1）客户还未对报价作出回复的情况

如果及时发现了价格错误，但客户还没打开，或是还在考虑当中，而尚未做出回复时，可以直接追加一封电子邮件进行解释与道歉，并且给出正确的最低报价。相比于掩饰过错，大方坦诚地认错更能让客户觉得你很有诚意合作，反而会留下好印象。

> Dear×××,
>
> This is Lisa, Abby's general manager from ABC company. I must apologize for our fault.（表明身份与错误，并道歉）
>
> When Abby sent you last offer, we made a serious mistake. The price for DEF product should be 120 USD not 100 USD. At that moment, I was on business trip outside when Abby telephoned me to get the offer for it. I should have checked the offer again before sending to you.（简单明了阐述错误所在与原因）
>
> Sorry to make you so many troubles. To show our sincerity, I would like to give you our bottom price 120 USD. Waiting for your feedback.（再次表示歉意，表示给予最低价，期待回复，以示合作诚意）

（2）客户已经做出回复的情况

如果客户看了错误的报价，而且已经接受，这时通常有以下两种弥补办法。

第一种，将错就错。向客户承认报价出错，给出真实价格，但鉴于已经给出报价，会继续用错误的报价成交，但为表示意愿与对方建立长期的合作关系可通过其他方式进行弥补。

第二种，解释原因，重新报价。注意语气话术，表示最真诚的歉意，同时给出解决办法，如希望彼此都能退让一步，并给出最低报价。只要解决方案足够有吸引力，客户通常还是会愿意合作的。

> Dear ×××,
>
> I am so sorry to inform you that we offered the wrong price list in the previous email. Kindly check the attached final correct version.（诚恳地表示歉意，并附上准确的报价）
>
> Due to my personal carelessness, I made a wrong calculation and I feel quite ashamed about this. But I will never make the similar mistake in future.（表示正式道歉，并说明原因）
>
> In order to make up for this issue, I have done my best to make this order lead time 3 days ahead of time.Last but not least, we are sorry for any inconveniences caused by this.（做出让步，并再次表达歉意）
>
> Best regards
>
> ×××

5.4 异议也是突破口，消除疑虑才能助力成交

5.4.1 客户异议不可怕，关键是解决分歧

营销中有句俗语："销售是从被拒绝开始的。"异议，通常都是客户对于产品质量、价格、材质、工艺、服务等方面，与我们存在不同意见。

在国际贸易实践中，客户表达异议的方式多种多样。有时候，客户可能直接说对产品没兴趣，也可能借口需要与领导商量等其他原因，行使缓兵之计。

如何处理客户异议，是区别优秀外贸销售人员与平庸外贸销售人员的显著标志之一。前者善于暂时搁置异议，进行劝说缓和，最终成交。而后者则坚持己见，可能直接导致交易失败。

总而言之，客户异议并不可怕，可怕的是不会解决，只有解决了客户的疑惑，消除客户的不满，才能彻底解决双方的分歧。

5.4.2 从客户的异议探寻其真正意图

在实践中，客户有些异议是假的，有些是真的，但就算是假的异议，背后也往往隐藏着真的反对意见，这就是冰山原理。

冰山原理，是指人们平常见到的冰山只是冰山整体上露出海面的很小一部分，更大的部分都隐藏在水面之下，这些是人们看不到的。客户的异议往往也如同这冰

反对意见、借口或虚假原因

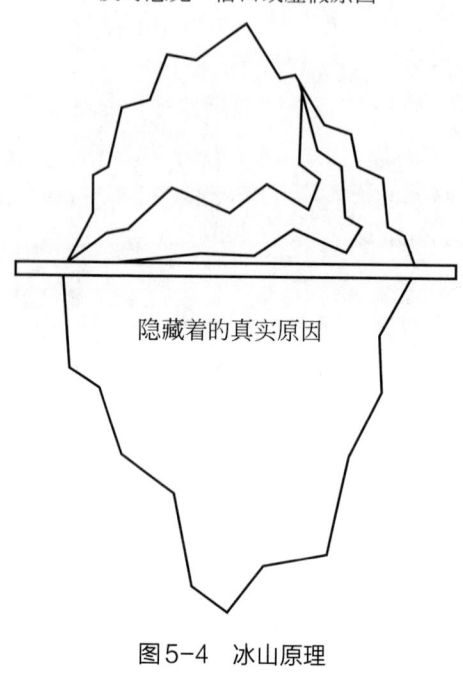

隐藏着的真实原因

图5-4　冰山原理

山一般,如图5-4所示。

辨别客户真实意图的最好办法就是留心观察客户的反应。通常而言,如果客户无动于衷,那就表明他们没有告诉你真正的想法。如果不想购买,没有人会提出如此之多的真正异议。这时,可以提出一些问题,以便揭示出客户内心的真实意图。

例如:

客户异议:我不觉得这个价格很实惠。

真实意图:除非你能证明它是物有所值。

客户异议:我从来没有听过你的公司。

真实意图:如果你的公司有信誉,我愿意买你的产品。

客户异议:你的新产品报价超过了我的预算。

真实意图:如果能给我一些折扣,我可能会下单的。

总而言之,如果把客户提出的异议当成了他真正的意图,那么就可能错过很多成交机会。

5.4.3　将心比心,妥善处理双方的分歧

在处理客户异议时,首先应向客户表达认同。认同不等于赞同。通俗点说,认同就是将心比心,设身处地地站在客户的角度思考问题。这有助于淡化双方冲突,比如,重复刚刚客户提出的反对意见,并注意将语气淡化。

例如:

客户异议:我们研究之后还是觉得报价太高了。

将心比心:我理解您的感受,产品的价格确实较高。

客户异议:我觉得产品交期有点晚。

将心比心:我明白您的意思,产品交货时间确实有点长。

总而言之,只有站在客户角度,将心比心,淡化冲突,向客户表达我们并不是站在客户的对立面,才能为妥善处理双方分歧做好铺垫。

5.4.4　心平气和,不用争辩解决异议

在实践中,可能也会遇到无理取闹、恶意耍无赖的客户,这时要尽量保持心平气和,以显示专业性与职业素养。

买卖双方的分歧通常只是短期内的，有些销售人员为了面子，非要争个输赢，导致赢了争辩，输了生意，这是得不偿失的。要做的是，在正式与客户解决异议前，做好充分的思想与心理准备，并将其运用到后续协商的过程中去。

同时，在处理过程中，时刻保持心平气和，表达出真心诚意解决问题的态度，取得客户信任。毕竟，一个人走路，远没有双方同时走向对方来得快。

最后，我们应以坦白、直率的态度，将支持我们论点的事实、数据、资料或证据，用口述或书面方式，展示给客户，如此一来，异议解决才会更加顺利。

5.4.5　遇到意外麻烦，要做好危机公关

如果由于交货出现意外、同行恶意竞争、外界特殊事件等情况，企业声誉遭受到了危机，那么必须采取一系列自救行动，这时需要注意3个方面，如表5-7所列。

表5-7　危机公关的注意事项

类型	内容概述
注意心态，保持冷静	首先要做的是安抚客户情绪，表达出诚心解决问题的态度，向客户表示绝对不会推卸责任，已经将问题汇报给上级，讨论解决方案
先解决问题，再解释问题	客户要的始终是解决方案，而不是你向他解释问题。务必让客户尽快看到解决方案，切勿推卸责任
提出积极的解决方案	订单是订单，赔偿是赔偿，必须分开而谈，客户会看企业的行事原则再决定能不能接受你的解决方案

在对外贸易中，无论谁都不愿意遇到危机，但如果真的出现了，就要及时做好危机公关，反而有助于巩固与客户之间的关系，也不会败坏自己在市场上的声誉。

第6章
签订合同：订立书面合同，谨防欺诈行为

签订合同是外贸活动中的一个重要环节，在对外贸易中发挥着重要作用，关系着双方当事人的切身利益。因此，贸易合同必须在自愿和真实的基础上签订，并合情合理，符合双方国家的法律规定。

6.1 订立书面合同

6.1.1 国际贸易合同的作用

在与客户磋商谈判完毕后,买卖双方就正式进入了合同订立阶段。国际贸易合同,又被称作外贸合同、进出口贸易合同,即营业地处于不同国家或地区的当事人就商品买卖所发生的权利和义务关系而达成的书面协议。

在实践中,国际贸易合同有着重要作用,主要体现在以下两个方面。

(1)国际贸易合同规定了当事人各方的权利与义务

国际贸易合同明确规定了双方当事人的权利与义务,是连接货物买卖双方的纽带,对双方具有相同的法律约束力。在合同的履行过程中,合同双方当事人都必须严格执行合同条款,否则就是违约。

一旦违约造成损失,受损一方可依据相关适用法律提出索赔要求,违约方必须承担造成的损失。除非提请方证明出现了不可抗力等特殊情况,否则仍需履行原合同。

(2)国际贸易合同是各国企业开展货物交易的最基本手段

国际贸易合同不仅关系到合同当事人的利益,还关系到国家的利益以及国与国之间的关系,具有重大意义,是各国经营进出口业务的企业开展货物交易的依据。

6.1.2 国际贸易合同的内容

国际贸易合同的种类众多,基本内容通常包括3个部分,如图6-1所示。

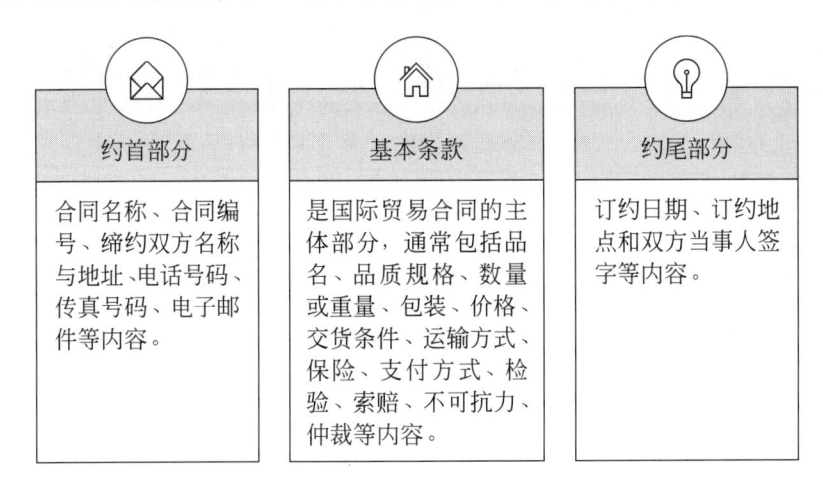

约首部分	基本条款	约尾部分
合同名称、合同编号、缔约双方名称与地址、电话号码、传真号码、电子邮件等内容。	是国际贸易合同的主体部分,通常包括品名、品质规格、数量或重量、包装、价格、交货条件、运输方式、保险、支付方式、检验、索赔、不可抗力、仲裁等内容。	订约日期、订约地点和双方当事人签字等内容。

图6-1 国际贸易合同的基本内容

6.1.3 国际贸易合同的特点

与国内贸易合同不同，国际贸易合同有其自身的特点，主要有4个方面，如表6-1所列。

表6-1 国际贸易合同的特点

类型	内容概述
国际性	订立国际贸易合同当事人的营业地在不同国家。如果当事人没有营业的地点，以长期居住所在地点为营业点
合同标的物是货物	国际贸易合同的标的物是货物，即各种有形财产，不包括股票、债权、投资证券、流通票据、不动产地点等
标的货物需要由一个国家的境内运往他国境内	合同订立可以在不同国家或一个国家内完成，但是履行合同时，卖方交付的货物必须要运往他国境内，并在他国境内完成交货交付
国际贸易合同具有涉外因素	合同当事人与一个以上国家有重要联系，所以合同在法律的适用性上，与国内合同有所不同。通常而言，国际贸易适用国内法、国际贸易惯例、国际条约

6.1.4 签订合同时避免口头协议

在实践中，有时买家会要求用口头协议替代书面合同。口头协议是指合同当事人用口头语言来订立合同，而不用文字表达协议内容的形式。

一般情况下，如果当事人没有特殊约定，或当事人所在国法律没有规定严禁口头形式，或规定必须使用特定形式，都可以采用口头形式。但需要注意的是，一旦后续发生争议，当事人很难证明合同的存在以及合同关系的内容，从而极易出现各方口说无凭的情况，难以保障当事人各方的合法权益。

口头协议发生争议虽然可能以工厂发货单、发票等作为佐证，但这些材料不能作为口头协议成立的书面证据。因此，口头协议难以取证，不易认定当事人的权利义务。当口头协议简单，而标的金额较大时，将面临对方否认合同成立、否认合同标的的巨大法律风险。

【案例6-1】某国B公司向他国A公司下了一笔订单。由于时间仓促，加上客户又是老客户，A公司业务员并未要求对方当场签下书面合同，只是请对方回国后发送一份传真以便留档。然而，客户回国后，并未发来传真，A公司业务员也疏忽大意，没有坚持催要。但此时，A公司已经根据B公司要求开始备货。当A公司业务员请对方确认汇款时，B公司却表示当时由于时间匆忙，未予以充分考虑，回国后加以仔细核算，发现无法成交，因此拒绝付款。

从上述案例不难看出，客户可能由于一时冲动、疏忽等原因，随口订下口头协议，并不是经过深思熟虑才决定合作。最后出现问题，由于空口无凭，双方各执一词，只能向法院提起诉讼。

因此，在签订国际贸易合同时，应避免口头协议这种形式，最好签订格式规范、内容完整的书面合同。

6.2 甄别合同条款

在实践中，并不是口头协议才有风险，书面协议亦然。通常而言，在与客户签订国际贸易合同时，需要审查6个方面的要点，如表6-2所列。

表6-2 国际贸易合同的审查要点

类型	内容概述
合同主体的合法性	1.签订合同当事人是否是经过有关部门批准成立的法人、个体工商户 2.签订合同当事人是否是具备与合同相关的民事权利能力和民事行为能力的公民 3.法定代表人或主管负责人的资格证明 4.代签合同的，是否具备委托人的授权委托证明，是否在授权范围、授权期限内签订合同 5.有担保人的合同，担保人是否具有担保能力和担保资格
合同内容的合法性	1.合同内容是否损害国家、集体或第三人的利益 2.是否有以合法形式掩盖非法目的的情形 3.是否损害社会公共利益 4.是否违反法律、行政法规的强制性规定
合同内容的真实性	1.合同约定的内容是否为当事人的真实意思表示 2.当事人签订合同时，是否被胁迫、诈骗或对合同有重大误解 3.合同条款是否合理，是否存在反常情况，是否存在合同诈骗的可能
合同条款的完备性	1.合同条款有无遗漏 2.合同条款内容是否具体、明确、切实可行 3.合同条款是否不全、过于简单、抽象等，从而给后续履行带来困难
合同文字的规范性	1.合同文字的使用是否规范 2.合同文字的表达是否准确无误 3.合同中是否存在前后矛盾、词义含糊不清的文字表述 4.合同是否使用容易引起误解、产生歧义的词语
合同签订的手续与形式的完备性	1.合同是否需要经过有关机关批准或登记 2.如果合同需经批准或登记，是否履行了批准或登记手续 3.如果合同中约定经公证后方能生效，合同是否经过公证机关公证 4.如果合同附有生效期限，应审查期限是否届至 5.如果合同约定第三人为保证人，是否有保证人的签名或盖章 6.采用抵押方式担保的，如果法律规定或合同约定必须办理抵押物登记的，是否办理了登记手续 7.采用质押担保方式的，是否按照合同中约定的质物交付时间，按时履行了质物交付的法定手续

6.2.1 合同常见条款

买卖双方通常需要在国际贸易合同中约定11项条款，如表6-3所列。

表6-3 国际贸易合同的常见条款

类型	内容概述
数量条款	交货数量与计量方法。制定数量条款时应明确计量单位与计量方法，尤其在农副产品的交易中（由于这些货物的计量不易精确）。为避免争议，应在合同中对交货的数量规定一个机动幅度，也称作"溢短装条款"
包装条款	根据《联合国国际货物销售合同公约》第35条规定，卖方交付的货物必须与合同所规定的数量、质量和规格相符。如合同中无明确包装条款，则按照同类货物通用的方式进行装箱和包装。如果没有此种通用方式，则按照足以保全和保护货物的方式装箱和包装，否则将视为与合同不符。包装条款中须明确国际对运输标志的通常做法以及写明包装费用由何方负担
价格条款	价格条款直接关系到买卖双方当事人的经济利益和所承担的风险责任，还应密切注意国际贸易术语的使用
保险条款	国际货物买卖风险比较大，故国际贸易合同必须载明保险条款，并应注意各种贸易术语中保险费用和保险责任的负担
支付条款	国际贸易合同的支付条款应规定支付工具、支付时间与支付方式
不可抗力条款	是一种例外条款。根据《联合国国际货物销售合同公约》规定，遭受不可抗力的一方可以解除和延迟履行合同而不承担责任，只有既没有不可抗力因素，又有当事人过失的情况下，当事人才承担相应的赔偿责任
仲裁条款	国际货物买卖合同通常都会规定，如双方协商不成，应提交仲裁机构进行仲裁
法律适用条款	由于合同当事人来自不同的国家，所以很有必要设立法律适用条款来规定准据法，以防止在发生争议时无法确定解释合同和解决争议的法律
违约金条款	当事人可以约定一方违约时应当根据违约情况向对方支付一定数额的违约金，也可以约定因违约产生的损失赔偿额的计算方法
商检条款	商检证书是买卖双方结算、计算关税、判断是非办理索赔的依据。合同应对检验标准、检验期限、凭封单检验还是凭现状检验，以及对标的物质量和数量提出异议和答复的期限做出明确规定，以免进口商拖延不决
合同文字及其效力条款	合同应约定以哪种文字为准，尤其是买卖设备等内容复杂的合同。合同还可以约定合同生效的条件，如交付定金后生效等有利条款

6.2.2 条款要全面且详尽

当与对方拟订一份国际贸易合同，准备签字之前，应该再进行仔细复核，作为最后的把关，重点审查合同条款是否全面且详尽，主要是对买卖双方权利义务的规定是否有所偏失，条款内容是否具体、明确、切实可行，条款描述是否有遗漏、过于简单、抽象等，否则会给后续自己履行合同造成困难。

【案例6-2】某国A公司与他国B公司签订国际贸易合同。在前期磋商中，A公司向B公司提供了样品，B公司要求以样品作为交货的品质标准。但双方后续在外贸合同的品质条款里只简单写明了规格、质料、颜色，商检条款为货到港30天后外商有复检权。

当货物运抵目的港后，B公司经过验货，以"颜色不正、缝制工艺粗糙"为由，向A公司提出拒付。A公司遂提出抗议，认为之前双方约定货物是凭样品成交。但B公司指出合同中并没有写明"凭样品成交"字样，也没有写明样品编号。最终，A公司没有获得全部货款。

不难看出，合同条款不详尽导致的问题在后续法院审理过程中不会得到支持。因此，就算是再熟悉、行业地位再高的客户，也必须要求对方将全部约定写入合同条款中。合同条款越全面且详尽，越面面俱到，面临的风险就越小。

6.2.3 注意合同条款的细节

在审查完毕外贸合同条款后，就正式进入了合同签署阶段，这时需要重点注意4个细节，如表6-4所列。

表6-4 注意合同条款的4个细节

类型	内容概述
外贸合同文本的起草	通常文本由谁起草，谁就掌握主动权。起草方可以根据双方协商的内容，认真考虑并亲自写入合同中的每一项条款。因此尽量争取起草合同文本的主动权，最起码也要与对方共同起草合同文本
外贸合同双方当事人的签约资格	在进行合同签约时，要注意调查对方的信誉情况、合法身份与权限范围。对于信誉不佳的进口商，应要求对方签约需要有保证人进行担保
双方应承担的义务、违约责任	有的合同关于双方责任义务的条款写得较为含糊笼统，对双方各自的责任、义务划分不明确，不利于追究违约者的责任，应予以注意
定金和订金的区别	签署合同时，应注意定金与订金的区别。定金是订立合同的保证或担保。收到定金方违约，要进行双倍返还。如果交付定金方违约，则无权要求返还定金。订金是订立合同的资金，一旦合同不能履行，收到订金的一方需要返还订金，不会要求双倍返还

因此，无论是从法律上还是技术上，都应认真地与对方反复协商斟酌，以防患于未然。

6.2.4 合同条款的更改

如果在审查或合同正式签署过程中，发现合同条款有任何不合理、不明确的地方，都可以主动提出对问题条款进行修改，甚至要求终止合同。更改方式主要有两种，如图6-2所示。

- 买卖双方协商

  对于原已存在且有效的合同关系，我们可以在原合同基础上，通过与对方协商或者依法律规定改变原合同关系的内容。

- 向法院或仲裁机构申请

  如果在合理期限内协商不成，当事一方可以请求人民法院或者仲裁机构变更或者解除合同。人民法院或者仲裁机构结合案件的实际情况，根据公平原则变更或者解除合同。

图6-2 合同条款更改的方式

6.3 依法订立和履行合同

6.3.1 依法订立合同

国际贸易合同的成立是双方当事人意思表示一致的结果。通常而言，当一方提出的要约被另一方承诺时，合同即告成立。要约，是指要约人向一个或一个以上特定人提出的以订立买卖合同为目的的意思表示。承诺，是指受要约人同意订立该合同的意思表示。

由于各国法律法规的要求各不相同，为了调和各方矛盾，《联合国国际货物销售合同公约》作出3点规定，如表6-5所列。

表6-5 《联合国国际货物销售合同公约》的规定

类型	内容概述
要约生效时间	要约于其送达受要约人时生效，且规定一切要约，即便是不可撤销的要约，原则上都可以撤回，只要撤回的通知能先于或与要约同时送达受要约人。但如果受要约人发出承诺通知，要约人就不能撤销其要约。同时，在下述两种情况下，要约一旦生效就不能撤销： 1.要约写明承诺的期限，或以其他方式表示它是不可撤销的； 2.受要约人有理由信赖该项要约是不可撤销的，并已据以行事

续表

类型	内容概述
承诺生效时间	判断承诺生效的时间应依据"到达生效"原则，即载有承诺内容的函件必须送达受要约人时才产生效力，如函件在传递中产生失误，合同就不能成立。但如果根据要约的要求或依照当事人之间形成的习惯做法或惯例，受要约人可以用发货或支付货款的行为来表示承诺，无须向要约人发出承诺通知，其承诺在他作出该种行为时生效
附加条件	如果在对要约表示承诺时载有附加或更改条件，原则上应认为是对要约的拒绝，并将不视为反要约。但如承诺中所更改或附加的条件并没有在实质上改变原要约所提出的条件，则除非要约人在不过分迟延的期间内提出异议，否则仍可视为承诺。在这种情况下，双方的合同条件应以要约所提出的条件和承诺所更改的条件为准 逾期承诺指超过要约的有效期到达的承诺，仍具有承诺的效力，但须由要约人立即把该意思表示通知受要约人。如果要约人按此办理，则该项逾期的承诺于到达时即产生效力，而不是在要约人表示上述意思的通知到达受要约人时才生效

6.3.2 严格履行合同

合同的履行，是指合同当事人双方按照合同规定的义务责任去履行合同。在国际贸易实践中，买卖双方经过交易磋商、达成协议后要签订书面合同。国际贸易合同一经依法有效成立，有关当事人必须履行合同规定的义务，承担共同的责任。

在国际贸易实践中，合同履行涉及面广、工作环节众多、手续较为繁杂，所以为了提高履约效率，必须加强同有关部门的协作与配合，力求把各项工作做到精确细致，环环紧扣、井然有序。

通常而言，出口企业履行国际贸易合同的程序，包括备货、催证、审证、改证、租船、订舱、报关、报验、保险、装船、制单、结汇等工作环节。其中，以货（备货）、证（催证、审证和改证）、船（租船、订舱）、款（制单结汇）4个环节的工作最为重要。只有处理好上述环节，才能避免出现"有货无证""有证无货""有货无船""有船无货""单证不符"或违反装运期等情况。

6.4 谨防合同欺诈

6.4.1 什么是合同欺诈

在国际贸易实践中，还需要时刻严防合同欺诈。根据我国司法解释，合同欺诈就是合同一方当事人故意告知对方虚假情况，或者故意隐瞒真实情况，诱使对方当事人作出错误意思表示。合同欺诈行为是一种民事法律行为，根据我国《民法典》的规定，构成合同欺诈要满足5个要件，如表6-6所列。

表6-6 构成合同欺诈的要件

类型	内容概述
欺诈人有欺诈的故意	指欺诈人在明知自己的陈述是虚伪的，并会导致对方陷入错误认识的情况下，还希望或放纵这种结果的发生。通常包括： 1.陈述虚伪事实的故意； 2.诱使他人陷入错误认识的故意
欺诈人在客观上实施了欺诈行为	欺诈行为，即欺诈人故意陈述错误事实或故意隐瞒真实情况，使他人陷入错误认识的行为。故意陈述错误事实的行为，比如将假冒伪劣商品说成质优价廉。故意隐瞒真实情况的行为，是指行为人有义务向他方告知真实情况而故意不告知的行为。根据相关法律规定，沉默也可能构成欺诈
被欺诈人因欺诈而陷入错误的认识	错误，是指对合同内容及其他重要情况的认识缺陷。构成欺诈，通常必须是被欺诈人的错误认识与欺诈人的欺诈行为之间具有因果关系
被欺诈人因欺诈陷入错误的认识而订立并履行合同	即被欺诈人签订并履行合同与欺诈人的欺诈行为具有因果联系。如果被欺诈人订立并履行合同并不是因欺诈行为而作出的，则不构成欺诈
欺诈人通过欺诈获取非法或不当利益	即欺诈人通过欺诈行为，诱使被欺诈人签订并履行合同，获得了非法或不当利益，或者如果不实施欺诈行为，欺诈人无法获取这些收益

根据国际贸易买卖合同设立的陷阱行为，欺诈行为包括积极的欺诈行为和消极的欺诈行为两种。积极的欺诈行为，如对所要订立的合同中的主要条款或关键性内容做虚假陈述；消极的欺诈行为，如利用两国之间信息不对称隐瞒事实真相。

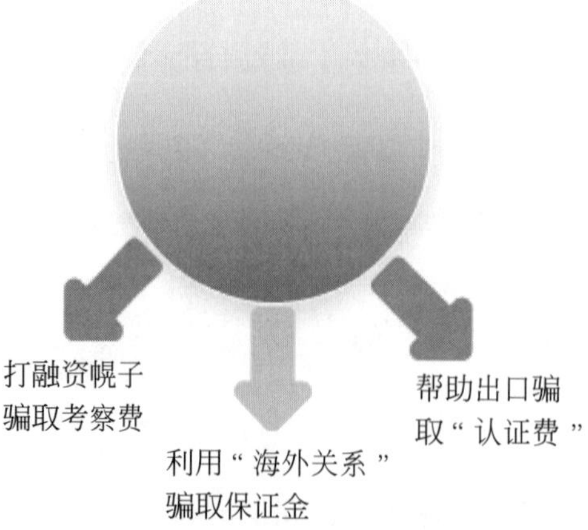

6.4.2 合同欺诈的三大手法

随着现代科技的高速发展，国际贸易欺诈呈现出设立合同陷阱范围广、角度多，欺诈手法的科技含量高、信息量大的特点。在国际贸易实践中，当前外贸合同欺诈主要表现有如图6-3所示的三大手法。

（1）**打融资幌子骗取考察费**

合同欺诈中最常见的一种手段，就是打着"融资"幌子骗取企业考察费用。诈

图6-3 外贸合同欺诈主要表现
（打融资幌子骗取考察费、利用"海外关系"骗取保证金、帮助出口骗取"认证费"）

骗企业往往打着国际财团在中国大陆地区总代理的旗号,通过各种渠道搜寻到内地企业的招商项目后,再放出各种优惠条件,诱使内地企业与其签订融资合同,在骗取到"考察费""评估费"等名目费用后便不见踪影。

【案例6-3】2002年4月,吉林某市一家企业接到一张来自"世界华人工商促进会"的邀请函,声称可以帮助该企业到海外市场融资,对企业进行技术改造,还可以包销经技术改造后的产品。随后,该市领导亲自带队到深圳洽谈融资事宜。一名自称"深圳×××实业有限公司"负责人及"世界华人工商促进会"秘书长的人接待了他们并进行了合作洽谈。随后,双方签订合同,按照合同约定,该企业缴纳了10万元的项目考察费和评估费。等企业回去后再与这家公司及相关人等联系时,对方却已不见踪影。

(2)利用"海外关系"骗取保证金

还有一种利用"海外关系"骗取保证金的诈骗方法。诈骗企业通常会在媒体刊登广告,声称与海外某公司签订了大额货物购销合同,要求有生产能力和组织货源能力的企业与之联系。当企业前来联系时,骗子公司利用对方急需把产品销售出去的心理,要求支付一定的"履约保证金"。拿到保证金后,骗子公司先采取拖延战术,最后或推卸责任,或直接消失。

【案例6-4】2004年6月23日,某工商分局接到市工商局转来的一份涉嫌合同欺诈的投诉。深圳市×××进出口贸易有限公司声称要购买投诉人钟先生的木材用于出口。双方签订合同后,该公司主动提出给钟先生汇美元当货款,于是钟先生先交了订仓费1万元。当钟先生把合同取回后,该公司却不见了踪影。

(3)帮助出口骗取"认证费"

最后一种常见的诈骗手法,是帮助出口骗取"认证费"。公司通常拥有产品进出口权,经常以优惠的价格作诱饵,声称可以帮企业将产品打入国际市场,并诱使其签订合同。后续,再称产品出口必须具备进出口地的卫生许可证、检验检疫证等相关证件,从而骗取企业所谓的"认证费",资金到手后却没了下文。

【案例6-5】2012年9月,深圳市×××实业发展有限公司谢某打电话给江西省赣州市××食品厂负责人,称有一俄罗斯外商需订购一批腊制品。××食品厂对这个开拓海外市场的机会非常重视,与×××公司签订了销售代理业务合约书,约定其为销售代理,负责海外客商订单。

接着,×××公司称俄联邦××国际有限公司需订货100吨腊制品,但要求提供俄联邦商品检验局核发的商品质量证明书和卫生许可证。××食品厂表示没有办法办理。于是,×××公司称其在俄罗斯有办事处,可帮助办理。××食品厂于是又与×××公司签订《委托协议》,全权委托其办理相关证明文件,并按其要求支付2万元。之后，×××公司开始以种种借口拖延时间，直到12月9日，××食品厂再次拨打×××公司电话时，对方称与××食品厂联系的相关人员已离开×××公司。

最后经福田工商分局调查发现，该公司已去向不明。工商人员再到相关会计师事务所调查发现，×××公司涉嫌虚报注册资本200万元。

6.4.3 合同欺诈和合同纠纷的区别

在实践中，还应分清合同纠纷与合同欺诈的区别，主要有两个方面，如表6-7所列。

表6-7 合同欺诈和合同纠纷的区别

项目	合同欺诈	合同纠纷
行为人的履约能力	行为人没有履行合同的实际能力或根本没有履行合同的意愿，签订合同只是为了达到占有对方财物的目的，是合同欺诈行为	行为人在履行合同的过程中，由于客观原因或主观过高估计了自己的履行能力，虽经过努力仍不见成效，则按合同纠纷处理
行为人违约的原因	行为人具有履行能力，但虚构事实或制造借口，故意不履行合同，以达到占有对方财物的目的，构成合同欺诈	如果当事人由于某种原因导致工作失误而给对方造成损失，应按合同纠纷处理

6.5 避免FOB合同陷阱

6.5.1 谨慎签订FOB条款

当下，我国企业采用FOB条款进行贸易的占比越来越高。而在FOB贸易术语下，相较于进口商而言，出口商承担的风险更大，甚至有可能钱货两失。作为出口企业，要谨慎签订采用FOB条款的国际贸易合同。

【案例6-6】2003年12月，我国某市进出口公司A与美国SD贸易公司签订了一份进口小麦的合同，价格条件是FOB洛杉矶。为履行合同，SD公司通过香港银行申请开列不可撤销的即期信用证，信用证条款规定须凭美国MH公司的提单结汇。2004年1月12日，A公司在给深圳DC货代公司的出口货物明细单中明确要求，深圳DC货代公司把MH公司提单交给A公司，由其向银行结汇。

同日，中国某远洋运输公司作为实际承运人也出具一份提单，收货人和通知人均为MH公司。3月5日，中国某远洋运输公司根据MH公司传真将货物放行给了美国SD公司。同日，A公司接银行通知，因单据与信用证有点不符而不能结汇。因结汇不成且货物已被提走，MH公司在我国境内也无办事机构，A公司遂对深圳DC货代公司和中国某远洋运输公司提起诉讼。

法院认为，深圳DC货代公司向中国某远洋运输公司订舱出运货物，系受A公司委托所为，A公司明确要求出MH公司提单，深圳DC货代运输公司在A公司未主张实际承运人中国某远洋运输公司海运提单的情况下退单给MH公司，是为了满足A公司委托的特殊要求，促成运输事项的完成，按国际惯例操作的结果，不属越权和无权代理。

中国某远洋运输公司的放货有记名收货人的指令，且已收回正本提单，也没有违反合同义务。A公司结汇不成引起的损失，可以凭持有的MH公司提单主张权利，如果难以追究MH公司责任，也是其接受信用证条款所造成的风险结果，与本案货运代理人及实际承运人的履约行为无直接关系。判决驳回A公司对二被告的起诉。

上述案例就是典型的在FOB条款下，出口企业货款两空的无单放货的情况。出口企业必须谨慎签订使用FOB条款的国际贸易合同。

6.5.2 使用FOB条款存在的弊端

作为出口企业，必须注意使用FOB条款存在的弊端：

（1）FOB条款意味着把运输和保险的权利拱手让给买方

在FOB条款中，卖方只需将货物运至买方指定承运人船上，即完成交货。但由于运输、保险由买方负责，我国出口商承担的风险大大增加。尤其是采用非信用证结算方式时，一旦国外买家信用出现问题，其风险根本无法控制。

（2）买家采用FOB条款成交，通常是与指定货代熟识

FOB条款要求买家指定承运人，而买家通常指定的都是熟识的货运代理公司，不仅能担保提货，有时还能指示船公司或货代对国内出口企业提出无理要求，反过来故意刁难出口企业。如此一来，即使在信用证条件下，我国出口商也难以保证安全结汇。

（3）货运代理人超额收费，增加出口商负担

在FOB条款下，装货前的相关杂费通常均由卖方负担。但在实践中，有时货运代理公司为吸引国外客户指定其作为代理，在利润上出让一部分用来降低运价，因此一旦成为买方指定的代理人，它们便会将该部分损失转嫁给出卖人，向出口商层层加码收费，从而使出口成本无法控制。

6.5.3 两大陷阱：无单放货和无船承运人

使用FOB条款时，出口企业最容易遇到以下两种陷阱。

（1）无单放货

无单放货，又叫无正本提单放货，是指承运人或其代理人（货代公司）、港务当局、仓库管理人在未收回正本提单的情况下，依提单上记载的收货人或通知人凭副本提单或提单复印件，加保函放行货物的行为。

【案例6-7】我国绍兴某出口企业按合同约定，将一批80万元的货物，从宁波港口运往巴西某地。双方在合同中约定，客户发货前预付30%，剩余尾款见提单复印件付清，双方签订的是全套正本货运提单，价格条款为FOB。

半个月后，货物运抵目的港，并在巴西SISCOMEX系统办理完毕相关登记。第二天，该集装箱被转移至海关监管仓库并自动锁定。但是奇怪的是，两天后，巴西客户在没有付清56万尾款的情况下，直接将货物提走了。

最后经查证，由于货代公司当时提前发给卖家的是货运提单，原本买家应用此货运提单，向货代公司换取船东提单，才能提货。但上述货代公司与买家勾结，在没有出示正本提单的情况下，就帮助对方取得船公司的提货单，进而向海关申请货物进口手续，顺利提走货物。

不难看出，无单提货的风险是很大的，下面有两点防范建议，如表6-8所列。

表6-8　防范无单提货的建议

类型	内容概述
使用海运单	海运单，是证明海上运输货物由承运人接管或装船，且承运人保证将货物交给指定收货人的一种不可流转的书面运输单证。由于海运单不可流通，不代表货物所有权，从而防止了提单在流通转让中可能出现的欺诈，同时减免了流通过程，使收货人能即时提货，避免出现船速过快而导致单证跟不上的情况
使用电子提单	电子提单，是一种利用电子数据交换系统对海上运输中的货物所有权进行转让的程序。国际海事委员会《电子提单规则》第9条规定："……交货时，只要收货人出示有效文件，经承运人核实后即可放货。物权所有人凭承运人给予的密码向承运人发出交货指示，承运人凭该交货指示放货。"

（2）无船承运人

无船承运人，是指在国际海上货物运输中不经营国际运输船舶，但依法取得经营资格，以承运人的名义揽货，并签发自己的提单或其他运输单据，再以托运人的身份向国际船舶运输经营者托运货物，以履行其承运人责任的经营者。

无船承运人一个典型的欺诈流程就是：买卖双方签订国际贸易合同，贸易术语为FOB条款，由买方安排运输，选择承运人。而这时，有意欺诈的买家便会开始设置陷阱，与自己指定的无船承运人串通一气，向卖家签发无船承运人提单。由于卖方在合同订立之初就在信用证里设置软条款，最终使得卖方提交的提单与信用证规定不符，导致卖方无法获得货款。

出口企业一定要提高警惕,可以采取3点措施,如表6-9所列。

表6-9 防范无船承运人的建议

类型	内容概述
防范信用证下的软条款	出口企业应严厉拒绝信用证条款中客户检验证书等软条款。即使双方先前有过贸易来往,在FOB条款下,也应尽可能结汇成功后继续分批出口,避免结汇未成而多次集中出口
境外无船承运人在我国签发无船承运人提单必须委托我国具有相关资质的货代进行签发	FOB卖方如果要接受我国签发的境外无船承运人提单,则必须委托经我国有关部门批准的货代企业签发该无船承运人提单,来降低风险。货主要求代签提单的国内货代出具保函,承诺货到目的港后凭正本提单放货,否则要承担无单放货的责任
尽量不要接受无船承运人的提单	如果必须要接受,则出口企业应注意对无船承运人资质的调查,我国法律规定,凡在我国经营无船承运业务的境外无船承运人都必须在交通部办理无船承运人资格手续,否则不能在我国经营无船承运业务。只要没有相关境外无船承运人的登记,出口企业就坚决不接受

6.6 共同海损与单独海损

6.6.1 预估意外事件

国际货物在运输的过程中经常会遇到人力无法控制的不可抗力因素,如战争、龙卷风、海啸等,从而影响国际贸易合同标的货物的运输,导致出现海损。

上述因素可能会给出口企业或进口企业造成直接或间接损失,而在实际业务过程中,很多出口企业对这些意外事件预估不足,在国际贸易合同中没有相应的条款规定,一旦发生上述意外事件,就会发生各种分歧与矛盾,从而影响到进出口双方的正常交易。

【案例6-8】2011年5月,乙船公司"琴海"轮承运甲公司货物,自马来西亚槟城港运至我国北海港。提单背面的共同海损条款载明:"共同海损应根据承运人的选择在任何港口或地点根据《1974年约克·安特卫普规则》理算"。

"琴海"轮驶离槟城港开往北海途中主机停车,船舶向南漂航。主机停车后船员即投入抢修,但因条件所限,经两天多抢修,仍无法修复主机。船舶发出求救信息,越南派出拖轮将"琴海"轮拖进金兰湾港,并收取拖轮费、救助费。船长代表船东发表共同海损声明,并由轮机长出具海事报告。由于能力及条件所限,在金兰湾无法将主机修复。乙船公司请广州当地救捞局将"琴海"轮拖至北海，并支付了拖带费。

而后马来西亚乙船公司提出，本次海轮事故以及由此产生的费用开销，属于共同海损，应由船货、保险公司各方分摊。而在北海港，我方验船师检验，认定主机不能启动的原因是各缸的空气启动阀启动活塞的密封环失去弹性，气密性较差，在出发前已存在隐患。

遭到拒绝后，马来西亚乙船公司委托中国贸促会按海损处理，并请求法院判令甲公司分摊共损费用。最后，法院根据《海商法》第47条、第193条、第197条规定判决：驳回乙船公司对甲公司的诉讼请求，案件受理费由原告乙船公司承担。

从上述案例不难看出，乙船公司将共同海损与单独海损搞混了。经检修师检验，货轮隐患在开航前与开航时已经存在，这就说明船舶彼时其实是不适航的。这本应该在船舶开航前通过惯常手法检验出来。而共同海损，是当船舶航行中遇到危难，船方为了维护船舶与货物的共同安全，或使船舶得以继续航行，合理地做出某些牺牲或支出的特殊费用。很明显，这与本案的情形不符。

6.6.2 如何界定共同海损

通常而言，构成共同海损必须具有4个条件，如图6-4所示。

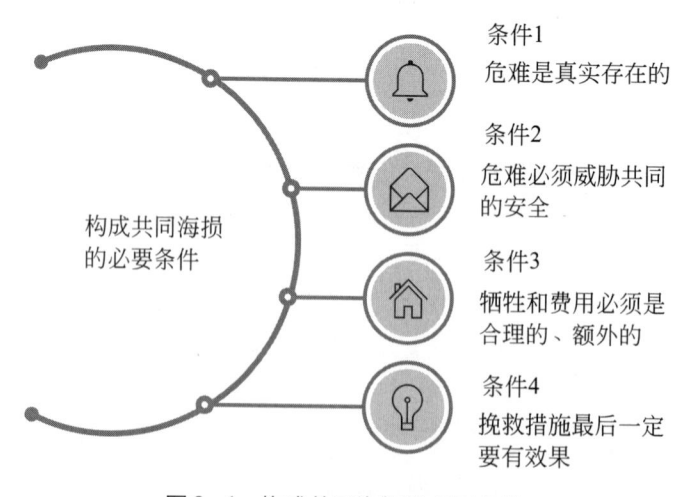

构成共同海损的必要条件：
- 条件1 危难是真实存在的
- 条件2 危难必须威胁共同的安全
- 条件3 牺牲和费用必须是合理的、额外的
- 条件4 挽救措施最后一定要有效果

图6-4 构成共同海损的必要条件

单独海损是指仅涉及船舶或货物所有人单方面的利益损失。共同海损费用需要受益各方根据获救利益的大小按比例分摊，单独海损则由受损者自己承担。

【案例6-9】一艘货运船舶从大连港出发驶往日本，在航行途中货船起火，大火蔓延到机舱。船长为了船货的共同安全，命令采取紧急措施，往舱中灌水灭火。火扑灭后，主机受损无法航行。船长雇用拖轮将货船拖回大连修理，检修后重新将货物运往日本。此次事故造成5000箱货物被火烧毁、2500箱货物因灌水灭火受到损失、主机和部分甲板被烧坏，以及产生拖船费和额外增加的燃料费。

在上述案例中，船舶起火属于遇到的"危难"，为了灭火而导致的损失都属于共同海损，包括2500箱货物因灌水灭火受到的损失、拖船费以及额外增加的燃料费。而单独海损是除了共同海损之外的部分损失，即5000箱货物被火烧毁、主机和部分甲板烧坏。

6.7 保留贸易往来的书面证据

6.7.1 注意保留证据

在国际贸易实践中，出口企业与进口企业在签订国际贸易合同之后，如果需要就合同相关事宜或者贸易安排进行变更，通常会通过邮件、电话、面谈等方式进行。而这时买卖双方妥善保存在此期间的相关书面文件，对于后期发生贸易纠纷时确认债权债务关系和法律责任的归属十分重要。

随着俄罗斯和乌克兰之间军事冲突持续升级，美国和欧盟国家对俄展开了多轮经济制裁，国际经贸环境更趋复杂。2022年3月，江苏省贸易促进委员会向江苏省国际商会会员企业公开建议：各外贸企业从财务、结算、保险、法律等多方面采取风险防范措施，并注意保留与俄、乌客户往来书面证据，与客户所有的沟通包括相关邮件、传真、确认函等都应当留存与完善，以切实维护自身权益。

6.7.2 留存的证据类型

出口企业通常应该保存这些贸易证据类型，如表6-10所列。

表6-10　贸易证据类型

类别	贸易证据种类	证明范围
合同类	贸易合同	证明双方约定的价格、数量等条款
	运输合同	证明承运人责任与运输条件
	保险合同	证明货物的保险范围以及保险责任
	出口结汇核销单	证明出口方外汇结算情况
信用证类	跟单信用证	证明银行的付款责任
	不可撤销信用证	证明银行的付款责任

续表

类别	贸易证据种类	证明范围
许可证类	进出口许可证	证明进出口方的进出口资格
	商品检验证书	证明货物的规格、质量标准
	原产地证书	证明货物的产地
	进出口货物报关单	证明货物进出海关情况以及关税缴纳情况
	植物/动物/卫生检疫证书	证明货物符合相关检疫标准
承运类	提单	证明货物在装运或运输中卸载的情况
	托运单	证明货物是否交付承运人
	入库单	证明货物进入仓库时的状况
	无提单提货保函	证明出具保函一方的责任或货物具备提取条件
	多式联运单证	证明承运人的运输责任及风险承担
	载货清单	证明所运输货物的状况
	托收通知	证明货物交付承运人
保险类	承保单	证明保险人的保险责任
	保险申报单	证明被保险货物的范围
	保险单	证明被保险货物的范围以及相关保险责任赔偿标准
	保险人发票	证明保险费用的支付
其他类	双方往来信函	证明双方曾经的磋商情况
	往来电子邮件	证明双方曾经的磋商情况
	产品目录	证明卖方曾经发送至买方的产品介绍
	样品	证明卖方曾经展示给买方的样品

6.8 无单提货及其法律责任

无单提货，又称无正本提单提货，是指在国际贸易中，承运人或其代理人在收货人未出示正本提单的情况下即提货的行为。

（1）无单提货的法律责任

根据《最高人民法院关于审理无正本提单交付货物案件适用法律若干问题的规定》，承运人无正本提单交付货物的法律责任如表6-11所列。

表6-11　承运人无正本提单交付货物的法律责任

类型	内容概述
责任竞合	承运人因无正本提单交付货物造成正本提单持有人损失的，正本提单持有人可以要求承运人承担违约责任，或者承担侵权责任
连带责任	正本提单持有人可以要求无正本提单交付货物的承运人与无正本提单提取货物的人承担连带赔偿责任
足额赔偿	承运人因无正本提单交付货物承担民事责任的，不适用《海商法》第56条关于限制赔偿责任的规定。即对因此造成正本提单持有人损失的，按照货物装船时的价值加运费和保险费计算，足额赔偿

（2）无单提货的免责事项

无单提货一旦出现，承运人应承担全部责任，除非存在免责事由，如表6-12所列。

表6-12　无单提货的免责事项

免责事项	内容概述
1	承运人依法将货物交付给当地海关或者港口当局的
2	被海关依法变卖，或被法院裁定拍卖的
3	承运人按照记名提单托运人的要求中止运输、返还货物、变更到达地或者将货物交给其他收货人的
4	承运人签发一式数份正本提单的，向最先提供正本提单的人交付货物

6.9　延迟交付及其法律责任

在国际贸易实践中，尤其是海上货物贸易运输，延迟交付的情况经常出现。我国《海商法》第50条规定，延迟交付是指货物未能在明确约定的时间内，在约定的卸货港交付的行为，如表6-13所列。

表6-13　延迟交付的责任和免责事项

责任	免责事项
由于承运人的过失，致使货物因延迟交付而灭失或者损坏的，承运人应当负赔偿责任	船长、船员、引航员或者承运人的其他受雇人在驾驶船舶或者管理船舶中的过失
由于承运人的过失，致使货物因延迟交付而遭受经济损失的，即使货物没有灭失或者损坏，承运人仍然应当负赔偿责任	火灾，但是由于承运人本人的过失所造成的除外

续表

责任	免责事项
承运人未能在本条第一款规定的时间届满60日内交付货物,有权对货物灭失提出赔偿请求的人可以认为货物已经灭失	天灾,海上或者其他可航水域的危险或者意外事故
承运人对货物因延迟交付造成经济损失的赔偿限额,以所延迟交付的货物的运费数额为限,即在延迟交付下承运人仅赔偿运费	战争或者武装冲突
经证明,货物的灭失、损坏或者延迟交付是承运人的故意或者明知可能造成损失而轻率地作为或者不作为造成的,则不享有责任限额,需赔偿货主因此遭受的实际损失	政府或者主管部门的行为、检疫限制或者司法扣押
其他	罢工、停工或者劳动受到限制
	在海上救助或者企图救助人命或者财产
	托运人、货物所有人或者其代理人的行为
	货物的自然特性或者固有缺陷
	货物包装不良或者标志欠缺、不清
	经谨慎处理仍未发现的船舶潜在缺陷
	非由于承运人或者承运人的受雇人、代理人的过失造成的其他原因

第 7 章
完善售后：做好售后服务，提升客户体验

提高客户体验能够带来额外的交易，影响产品的排序曝光，影响其他买家的购买行为，以及对卖家的口碑。因此，提升客户满意度对自己非常重要，而售后服务则是提升客户满意度的重要方面，本章将讲解如何做好售后服务。

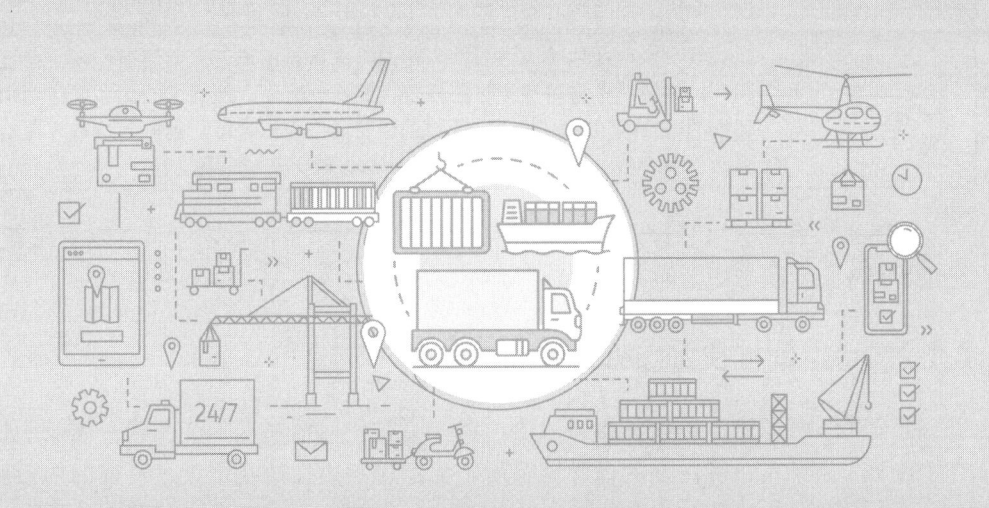

7.1 做好售后服务，提高客户满意度

7.1.1 提升企业服务质量

2020年初，疫情对全球经济尤其是国际贸易领域产生了较大冲击，举办线下展会、实地拜访等传统营销手段被迫停滞，也在一定程度上促使互联网经济快速发展。客户在网络上的选择更多了，面对大量同质化竞争的企业，更加愿意与提供优质服务的供应商合作。

售后服务是提升企业服务质量与品牌知名度的重要环节，是指生产企业、经销商把产品销售给客户后，为客户提供的一系列服务。

为客户提供售后服务，可以从4个方面入手，如表7-1所列。

表7-1 企业售后服务的注意事项

类型	内容概述
主动联络买方	企业在发货、运输、收货等诸多流程中，应主动将发货及物流信息及时通知买家，提示买家及时提货，既能让买家及时把握买卖动向，也能让对方感到受重视，有助于加强双方的信赖与协作
注意沟通的方法	对于初次合作的客户，企业可以通过书面方式与国外买方沟通，不仅能够让买卖双方的信息交流更加清晰、准确，也能够留下交流的证据，有利于后期纠纷的处理。对于熟悉的老客户，企业则可以通过电话或WhatsApp等即时通信软件进行服务交流。同时应及时查收电子邮件等，对买家的询盘及时回复
注意沟通的时间	买卖双方通常身处不同时区，有些时差较大，企业应尽量挑选买家方便的时间段进行联络，方便对方及时查收邮件，促进双方交流
学会分析买家	了解买家所在地的风俗习气，学习不同国家的语言文明习惯，以便拉近距离，有针对性地对买家进行回复。其次，应学会从买家的文字风格判别买家的性情脾气。如：买家运用的语言文字简洁精练，则可判断对方喜欢直接、不绕弯，从而及时调整交流方法，确保交易顺利进行

良好的售后服务可以维稳老客户，帮助企业节约销售成本，而且"以老带新"还可以提升企业在市场上的声誉和品牌。

7.1.2 可以助推良好口碑

随着互联网媒体对各行各业的渗透，大社交时代已悄然来临。在联系越发密切的背景下，从个人角度出发的口碑推荐所产生的影响力比以往更大。良好的售后服

务可以极大地提升企业在行业内的口碑。企业要想做好售后服务通常可以从以下两个方面进行。

（1）注重企业品牌与客户的互动

企业的品牌活动、品牌故事等都可以作为与客户互动的内容，让客户主动参与进来。同时还可以通过社群、Instagram、Facebook等新媒体平台，直接与客户留言互动。

（2）注重产品与客户的互动

可以在产品包装上进行一些特殊设计，让产品本身带有媒体属性，比如在包装上印上二维码，开展客户扫一扫有惊喜活动，这就是产品与客户之间的一种互动，也能增强对品牌的好感度。

企业做好售后服务，有助于打造企业的品牌价值，提升客户的口碑推荐。

7.1.3 客户要求索赔，要怎么处理

外贸从业人员遇到客户索赔的情况时常有之，那么企业该如何处理呢？通常可以按照以下3个步骤来做，如图7-1所示。

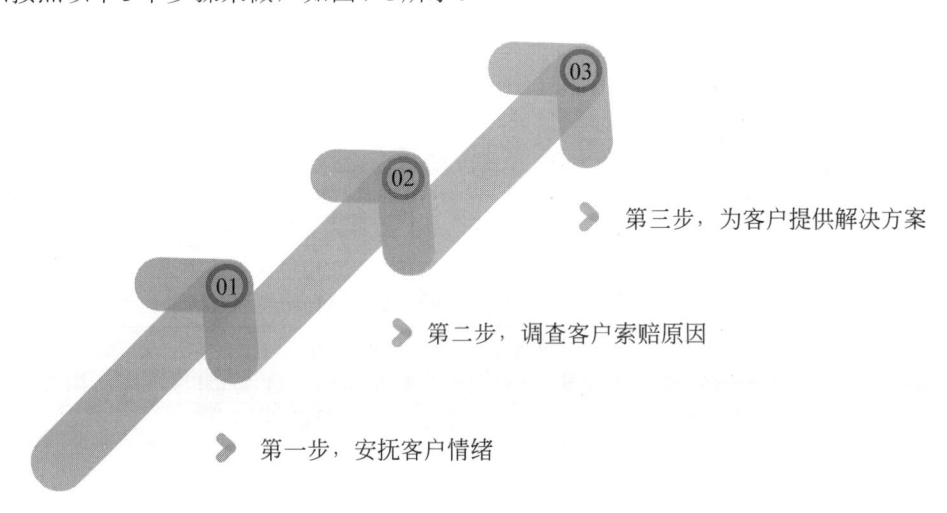

图7-1 处理客户索赔的步骤

第一步，安抚客户情绪

应该第一时间安抚客户，客户往往在意的不是道歉内容，而是道歉速度与态度。可以明确告诉客户不要着急，并要求客户提供相应的证据，如照片、视频、第三方质检报告等，告诉客户已报告上级，会商讨具体的解决方案。

第二步，调查客户索赔原因

在收下客户的索赔证据后，应立即展开调查，查看是否由我方企业造成。如果确认是客户无理取闹，可予以拒绝，或表明一切按照事先签订的合同进行赔付。

第三步，为客户提供解决方案

工人、机器出现一次两次操作性或技术性问题在所难免。如果遇到客户索赔，且确实是我方原因造成，那么，就应该在调查清楚缘由后，再次向客户道歉，并提出一个让对方满意的赔偿方案。如果查到原因不是我方造成，如承运人交期拖后等，则应向客户耐心解释，并主动提出协助客户向第三方索赔。

总之，遇到客户索赔，应尽量保持镇定，注意沟通技巧，不可太过激进，也不可太过卑微，应做到不卑不亢、有理有据，才能圆满处理问题。

7.2 重视客户体验，提升订单转化率

7.2.1 订单是"跟"出来的

企业对客户体验的重视一直呈现上升趋势，但在B2B占多数的国际贸易领域的重视度却不高。想要提升客户体验感，首先要明白订单不是"等"出来的，而是"跟"出来的。曾有一名外贸人员在论坛上发表评论说，经过实践统计，平均经过4～6次的跟踪才有一次成单的可能。

外贸员通常可以从以下5点入手"跟"出订单，如表7-2所列。

表7-2 跟踪订单的切入点

类型	内容概述
产品的更新	产品更新的关键就是信息的传递，通过电子邮件等渠道，告知客户有新产品推出。人是"喜新厌旧"的，新产品有助于刺激销量
价格变动	价格变动是一个重要切入点，可以告知客户价格在上涨或者下跌。有时客户一直不回复，可能是因为对价格不满意。可以以折扣、促销等为理由，通知客户价格下降，可能有意想不到的效果
工艺提升	最近企业制造工艺提升，生产效率变高，也可以作为切入口告知客户。比如：最近车间生产线或生产能力更新，现在可以制造一些高端产品，告诉客户也可以凸显公司蒸蒸日上
产品卖点可以分多次通过不同角度发送给客户	客户普遍不喜欢长篇大论，不妨将产品卖点拆解，分批、多次，通过不同角度发送给客户，把每一个卖点讲到极致。同时，注意保持每一次邮件的格式、字体、排版，并在信函最后注明联系人与公司的名字，以起到让客户重复记忆的效果
外部因素变化	每一天，各个国家都会发生很多事件，可以试着以这些事件为切入口，拉近与客户之间的距离，如：有些产品对运费比较敏感，当有一些类似拼箱优惠活动，或者运费即将大涨的时候，都可以给客户发信，提示运费要涨，建议尽早下单

7.2.2 打电话是基本素质

电话沟通要比冰冷的邮件往来更容易增进与客户间的情感。而且，在邮件里客户不愿意回答的问题，可能在电话里会不经意地讲出来。因此，学会电话沟通的技巧很有必要，表7-3中总结了常用的4条电话沟通技巧。

表7-3 电话沟通的技巧

类型	内容概述
明确打电话目的	打电话前，应确定此通电话的目的，这样实际打电话时就能明确地表达你的需求，对方也能了解清楚你打电话的原因。否则，很容易在打电话过程中产生停顿，不仅浪费客户时间，还会显得不够专业
减少客户拒绝的机会	若是首次在电话里提到产品，就需要注意，不要一上来就问客户需不需要我们的产品。因为首次通话时，客户往往是很防备的。不妨问客户一些答案肯定的问题，比如行业状况等，取得客户好感与信任后，下单可能只是水到渠成的事
给下次拜访足够的理由	通话结束前，一定要给自己下次的电话跟进找到一个理由，因为每增加一次沟通，成交机会就增加一些
确保联系方式的正确性	通话结束时，要记住给客户留下联系方式，如手机号、微信号，并务必确保对方已经记录下来，可以跟客户确认一下电话号码正确与否

7.2.3 从外贸员视角读懂客户心理

作为一名优秀的外贸员，在与客户的沟通中要善于发现一些潜在卖点，促进贸易成交。这就需要读懂客户的采购心理，从采购视角打动客户。通常而言，应注意客户可能出现的5种心理，如图7-2所示。

1 从众心理　2 攀比心理　3 对比心理　4 占便宜心理　5 优柔寡断心理

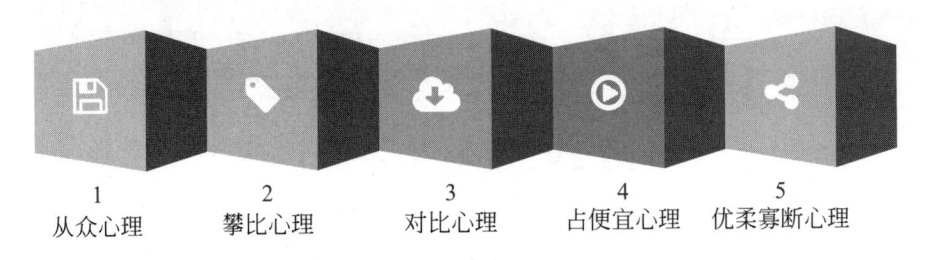

图7-2 客户的5种采购心理

（1）从众心理

在向客户介绍产品的时候，客户可能也会向其他同行打听企业或产品口碑，看市场上与我们合作的公司多不多。如果国际或当地市场上与我们合作的客户众多，那么客户即便对我们不了解，可能也会倾向于跟我们合作。

（2）攀比心理

当客户知道了我们开展合作的公司，在行业内品牌影响力大，或者正好是客户最大的竞争对手，那么客户通常会觉得我们的"档次比较高"，产品质量有保证，更可能下单。

（3）对比心理

对于采购商来说，对比几家供应商是很普遍的事情。因此，要让客户清楚知道产品优势、定价的由来。如果客户有自己的质检，可以引导客户对每家供应商的样品进行检测。如果没有，可以口述，引导客户辨别对比，展现自身不同于竞争对手的卖点。

（4）占便宜心理

向客户报价时，最好不要一开始就给最低价，否则很可能陷入一轮又一轮被砍价而无回旋余地的境地中。可以在底价上稍加价，给客户一个砍价空间，既能满足客户占便宜心理，又能促进成交。

（5）优柔寡断心理

有时客户在展会现场看产品很喜欢，甚至现场承诺购买。可等到后续再度确认与安排汇款的时候，客户就消失了。这是因为客户正处于一种纠结情绪中。如果能找到足够好的理由，继续推动，可能能够促使客户明确自己的目标。否则，一旦过犹豫期，客户很有可能被其他供应商挖走。

总而言之，作为一名外贸员，应该时刻观察客户的心理动态，"对症下药"才能更好地把握客户下单的最好时机。

7.2.4　有效地影响客户做决定

很多人可能经常听到客户这样抱怨："你们公司这个产品看起来和××品牌差不多，有什么差别吗？"这就是俗称的"货比三家"。货比三家非常普遍且正常，只要合理应对，反而能促进客户下单。外贸员处理这一问题需要注意3个原则，如图7-3所列。

（1）对于处于优势的竞品：避其锋芒+展示优势

对于有优势的竞品，策略应是立足自己的优点与卖点。比如可以说：您说的那个牌子的产品也是不错的，看来您选东西非常细致。我们品牌的产品是××，特点是××，还获得过××奖。我对我们的产品很有信心，您这次购买××类的产品有什么要求，我帮您参谋参谋？

（2）对于处于劣势的竞品：高调出击+自信推荐

对于处于劣势的竞品，策略应是将双方产品的要素拆开分析，介绍产品时主要说自己产品相对于对方产品具备的优势，回避谈处于劣势的要素。比如可以说：您

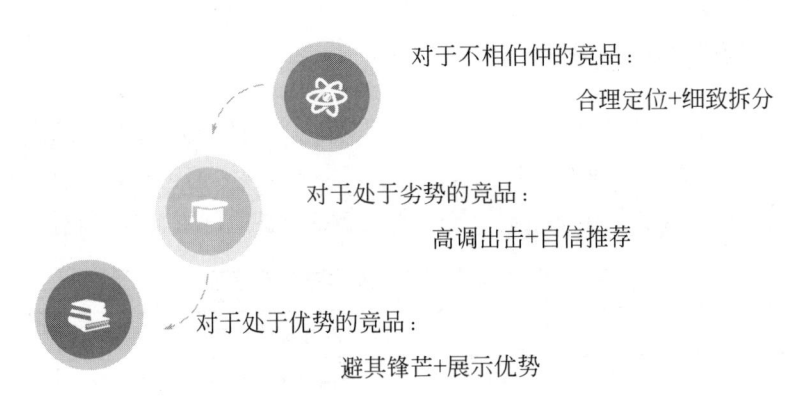

图7-3 处理客户"货比三家"问题的原则

- 对于不相伯仲的竞品：合理定位+细致拆分
- 对于处于劣势的竞品：高调出击+自信推荐
- 对于处于优势的竞品：避其锋芒+展示优势

说的那个牌子的产品也很不错，看来您选东西非常细致。但其实我们品牌的产品也是非常有特色的，在××方面比它们更加××。

（3）对于不相伯仲的竞品：合理定位+细致拆分

对于不相伯仲的竞品，策略是从产品细节上下手。比如可以说：您说的那个牌子的产品也不错，看来您选东西非常细致。我们的产品和××品牌的产品看起来有些相似，不过还是有差别的，例如在××方面，这样就可以××。

7.3 给客户写一封高质量的外贸信

7.3.1 为什么要写邮件？

外贸信函，是外贸业务员发送给客户，以寻求合作的邮件或信函。在现如今科技高速发展的时代里，WeChat、Skype、WhatsApp等即时通信软件层出不穷，但企业与客户之间的询盘、还盘等还是以电子邮件居多。究其原因在于4点，如表7-4所列。

表7-4 使用电子邮件开展外贸工作的优势

类型	内容概述
有效传递信息	由于与国外客户有时差，如果使用即时通信软件，对方可能不在。而使用电子邮件则可以给予对方充分的回复缓冲时间。同时，邮件相比即时通信软件更能方便传递有效信息
便于记录整理	电子邮件便于更详细地记录，后续如需搜索与整理也更加便捷
功能全面	人们在电子邮件中可以更加详细地进行书写，还可以添加表格、图片作为附件，并可以同时抄送给多人
更加正式与书面	电子邮件一个最为重要的功能在于，可以作为询盘、还盘等正式文件的载体，更加正式、郑重

7.3.2 标题让邮件脱颖而出

当客户收到我们发来的外贸信函时，首先注意到的就是邮件标题。一个好标题，能够在极短的时间内吸引客户的注意力，引导客户阅读完整篇邮件。所以，企业相关人员在撰写外贸信函标题时，必须要注意7个事项，如表7-5所列。

表7-5 撰写外贸信函标题的注意事项

类型	内容概述
清晰明确	邮件标题应该简洁地将公司产品的名称和优点表达出来，可以用"形容词+产品名称+公司名称"的句式。如此一来，有意向的客户就能够立刻判断出产品是自己所需，促进成交
使用号召行动的动词	可以尝试在信函标题的开头加上动词，既能让整篇邮件看起来更加活泼，还能给予客户一定的心理暗示。比如：在邀请客户参观工厂的邮件标题里，可以将"某公司邀请您来参观某产品的生产工厂"改为"与您一同观看产品生产过程"
让收到邮件的客户觉得自己是被优待的	每一个客户都希望自己是受优待的，为提升客户好感，可以在邮件的主题中加入"私人邀请""为您提供独家服务"等字样，给客户以更好的服务体验，加深客户对企业的印象
营造一种紧迫的氛围	如果产品一直是同样的价格和质量，那么那些购买需求不是特别强烈的客户可能会持续地犹豫。为避免这种情况发生，可以在邮件标题中营造一种紧迫氛围，将近期折扣或即将涨价的信息传达给客户，让客户觉得再不下单就会错过最好的时机，促进对方下单
不要使用全部大写或过多感叹号	在撰写标题时，注意千万不要为了吸引客户的注意采用全部大写，或者加入过多感叹号，这样可能会引起客户反感
使用数字	在撰写邮件标题时，使用数字比没有数字的主题更吸引人，尤其当产品打折时，这样可以直接将折扣写入主题行，让客户直观地看到
提前设置好预览文本	虽然预览文本并不属于邮件主题，但是它出现的位置是在邮件主题的旁边，对客户是否愿意打开邮件阅读很重要。如果没有提前设置好预览文本，系统会根据邮件内容自动选择预览文本，但往往都不尽如人意。所以，最好预先设置好吸引人的预览文本

7.3.3 设计邮件形式

除了标题，在撰写外贸信函之后，还需要设计外贸邮件的形式，以在一众竞争邮件中脱颖而出。

（1）外贸邮件的格式

在着手开始撰写外贸邮件的时候，首先要了解邮件的格式，通常有以下两种：

第一种，平头式，即信件每行都向左对齐，不留空格，包括日期、地址、事由、结尾敬语。这也是企业在外贸函电中最为常用的一种。

示例：

Dear Helen，

　　Could you please give me the offer sheet today? I have to check with my boss again for this order soon. Hope we could get deal.

　　By the way，please also advise your booth number in Canton Fair，and I will discuss with you about some new items there.

　　Thanks and best regards，

　　Lion

　　Sales Manager

　　×××company

　　16 Main Street，Suzhou，Jiangsu，China

　　Tel：86××××××××

第二种，即信头、信内地址及签名每逢换行都向右缩进4个字母的位置。

示例：

Dear Mark，

　　Samples will be prepared soon. Please confirm that you will pay for the sample charge this time.

　　Attached you could find the PI with our bank account. Please settle the payment and send me the receipt.

　　Thank you!

　　Yours sincerely，

　　Candy Wang

　　General Manager

　　×××company

　　#10Renmin Street，Shanghai，China

　　Tel：××××

（2）外贸邮件正文的结构

外贸电子邮件的正文通常包括4个部分，如表7-6所列。

表7-6 外贸邮件正文的组成部分

类型	内容概述
开头敬语	可以使用"Dear Mr./Mrs./Ms.＋对方姓氏",或直接称呼对方全名,作为开头敬语。同时,在写开头敬语时,东西方存在典型的文化差异。比如:亚洲或首次联系的客户,经常使用"Dear Mr.××"的称呼,而西方或是已经熟悉的客户,则使用"Hi ××"作为开头比较多
邮件主体	邮件主体应尽量简明,不超过两个屏幕的长度,通常由开头、正文和结束语3个部分构成。开头部分应该开门见山地重申邮件的主旨。正文部分应为开头的主旨提供更为细节性的内容。结束语部分应对上文进行总结,在此提出要求、观点等
结尾敬语	商业信函的结尾使用"Yours sincerely、Yours faithfully"等敬语,较为正式。电子邮件的结尾敬语则用"Best wishes/Best regards/With best regards/Regards/With best wishes"等词语,显得更为尊敬亲切
署名	电子邮件软件通常会在信的末尾自动加上署名,正式一点的商务电子邮件的署名还会附加上发信人的职位或头衔以及公司的相关信息

7.3.4 掌握邮件撰写技巧

没有哪个客户喜欢看长篇大论、逻辑混乱、漏洞百出的外贸邮件,在学习完外贸电子邮件的样式和结构后,还需要注意把握撰写电子邮件的一些技巧,具体如图7-4所示。

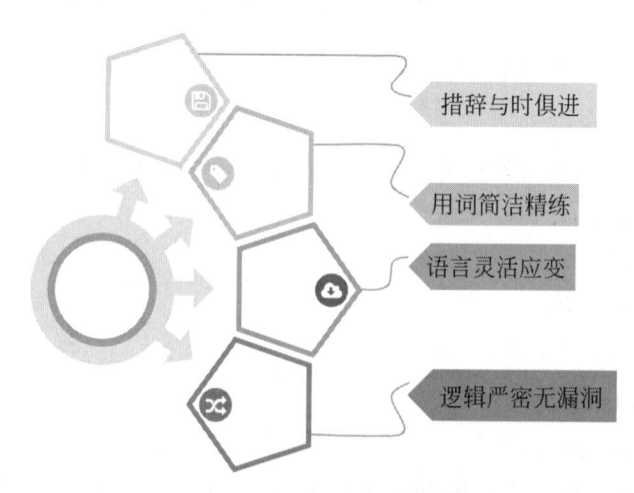

图7-4 外贸邮件的撰写技巧

- 措辞与时俱进
- 用词简洁精练
- 语言灵活应变
- 逻辑严密无漏洞

(1)措辞与时俱进

在外贸电子邮件写作中,应紧跟时代发展,切忌使用几十年前那种冗长、过时的套话。随着"一带一路"纵深推进,我国不少外贸企业的客户遍布"一带一路"

沿线国家，而英语并非这些国家的母语，考虑到这些国家客户的英语水平，写作过程中最好使用简单的英语进行沟通，这也符合当前的简明英语潮流。

（2）用词简洁精练

撰写外贸邮件应在用词、句子段落和内容3个层面都保证简洁精练。首先，在用词方面尽可能选取单音节、简单易记的词汇。记住外贸电子邮件写作无需向收件人展示文采。其次，在句子上通常应遵循能够用简单句就不用复杂句的原则。最后，邮件内容要言简意赅，直接告诉对方邮件的主旨或要点。

（3）语言灵活应变

语言灵活应变就是邮件所透露出的情感、行文的正式程度以及对所涉及主题和收信人的态度。邮件中的语气一定要避免不近人情、居高临下、傲慢无礼，要做到表达准确、语气真诚。要知道，合适的语气对于业务的开展会起到事半功倍的效果。

（4）逻辑严密无漏洞

外贸电子邮件要就事论事。对于具体问题的答复一定要言之有据、合情合理。对于客户的质疑，既不能低声下气，也不能情绪失控。无论何时都应该保持逻辑清晰，从因到果，逐条列举，就事论事，才能让客户心服口服。

7.3.5　4C原则回复邮件更有效

回复客户的第一封邮件是非常关键的，就像是给客户的第一印象。很多时候，客户就是根据我们的首次回复来筛选回复的对象。因此，回复客户的邮件大有学问，通常要注意尽量使用如图7-5所示的4C原则。

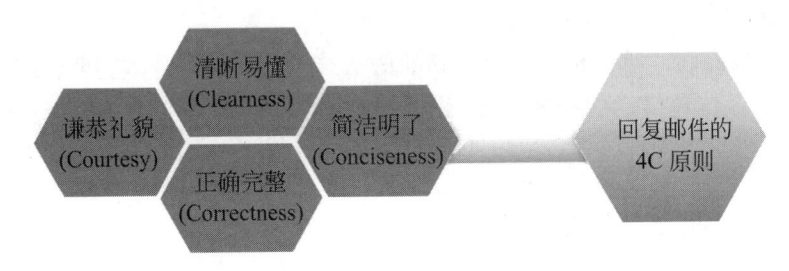

图7-5　回复邮件的4C原则

（1）清晰易懂（Clearness）

清晰易懂原则，是指清楚直接地传递发信人所要表达的信息，避免产生任何可能的误解而给双方贸易带来麻烦。可以通过使用简短熟悉的常用词语、有效组织句子和段落结构，并尽可能辅以充分的事实、数字等，来使得内容表达更为简洁连贯。

试着比较下面两个示例，看哪个更加符合清晰易懂的原则。

【案例7-1】

a.Will you please return the enclosed card and arrange a convenient time for an interview?

b.At this time I am writing to you to enclose the postpaid appointment card for the purpose of arranging a convenient time when we might get together for a personal interview.

不难看出，a示例要比b示例表达得更加简洁清楚。b示例的句子组合太过复杂、冗长，客户通常没有耐心读完。

（2）谦恭礼貌（Courtesy）

谦恭礼貌原则，是指应在行文中尽量加入"Please""Thanks"等礼貌词汇，以表示对客户需要与愿望的重视，尊重对方的愿望和需要。同时，应该注意及时回复客户发来的每一封信函，以示尊重。

例如：

We thank you for your letter of May 10th, but regret very much being unable to accept your terms of payment. 感谢贵方5月10日来函，但遗憾的是我们不能够接受贵方的付款方式。

（3）简洁明了（Conciseness）

简洁明了原则，是指在不失清楚和礼貌原则基础上，用最简洁的语句表达最完整的意思，避免冗长累赘的词语和句子。可以使用行业通用缩略语，比如L/C（Letter of Credit，信用证）、B/L（Bill of Lading，提单）、EAT（estimated arrival time，预计到达时间）、ASAP（as soon as possible，尽快）等，也能凸显专业性。

（4）正确完整（Correctness）

正确完整原则，不仅是指使用正确的语法结构和标点符号，还要使用得体的语言表达和保证传递信息的准确。务必记住发出的每一封外贸邮件都会影响企业在客户心中的形象。因此，在行文过程中务必时刻保持端正严肃的态度，避免出错。

7.3.6 做好细节，轻松为邮件加分

除了了解外贸邮件的撰写原则，还需要注意以下两个方面的细节问题，做到精益求精、脱颖而出。

（1）回复内容要专业

回复邮件时，务必做到对产品的每一个细节都要完全熟悉、面面俱到。记住，在客户面前，专业度就代表着企业的专业度。

（2）回复内容要有亮点

在回复邮件中尝试着放入一些"亮点"，这样才能让邮件脱颖而出，给对方留

下深刻印象。下面不妨从4个方面尝试入手，如表7-7所列。

表7-7 制造邮件内容亮点的4个做法

类型	内容概述
公司介绍	在邮件里介绍公司时，可以尝试着把公司规模、参展情况、合作过的知名客户、研发能力、认证情况等作为亮点亮出来
专业报价	不同国家、身份的客户对价格的敏感程度不同。因此在具体报价时，要结合具体情况进行。比如：可以根据订单量、交货时间、季节、贸易术语等，给出个性化报价，客户也会觉得受到重视
提供图片	如果客户需要产品图片务必向其提供，而且提供多个不同角度的、高清晰度的图片。同时注意图片大小，方便客户浏览与接收
设置签名档	为了方便使用，可以将公司地址、电话、网站、邮箱、公司标识做一个个人签名档，以体现出公司的专业性

第 **8** 章

免抵退税：利用税收优惠政策降本增效

对于外贸企业而言，实现增效的一个主要手段就是降本。随着我国一系列进出口税收优惠政策的实施和出口退税的不断提速，合理地进行税收的"免、抵、退"则成为企业降本的主要方式。

8.1 外贸企业税务的痛点

8.1.1 利润虚高

我国海关统计，2021年，我国全年货物进出口总额为315446亿元，同比增长3.4%。其中出口总额为172298亿元，进口总额143148亿元，贸易顺差为29150亿元。不难看出，我国外贸企业已经从新冠疫情的阵痛中逐步恢复，迎来了新的增长。

但与此同时，对于外贸企业来说，利润虚高的问题仍旧存在。外贸企业利润虚高的问题主要有3个原因，如图8-1所示。

图8-1 贸易利润虚高的主要原因

（1）企业财务不会税务筹划

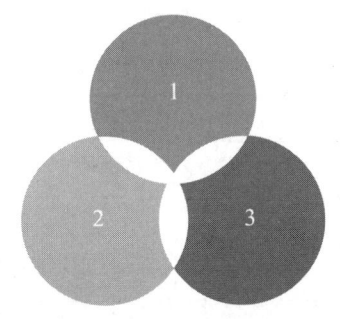

外贸企业成本发票来源较为复杂，财务做账较为麻烦，经常会造成财务会计出现各种问题，而财务人员对税法理解不充分，也容易造成涉税风险。

（2）真实支出费用无法获取合理的增值税发票

有些外贸企业的物品，会从小商户、个体户、个人手里采购。而对方为了不缴纳税金，可能宁愿降价也不愿意开发票。如此一来也会增加外贸企业的利润虚高，加大贸易企业的综合税负，导致贸易公司缴纳更多的税金。

（3）外贸企业的综合税负较高

外贸企业根据税法需要缴纳增值税、企业所得税、股东红利税等，加上近年来新冠疫情导致的经济不确定性，给外贸企业带来了不小的综合税负压力。

8.1.2 企业进项成本票不够

对于外贸企业而言，还有一个税务问题就是进项发票不够，导致企业成本虚增，主要原因如表8-1所列。

表8-1 企业进项发票不够的原因

类型	内容概述
企业财务制度不健全	一些贸易企业本身的财务制度不够健全，采购人员对于收取发票的意识不足，导致少收甚至没有收取对方的票据，而某些企业的财务部门也可能因为票据管理制度不够健全，导致成本票据遗失
供应商不愿开发票	有些企业供应商为了避税，宁愿给予降价，也不愿意开发票。而企业因为维系彼此生意关系，没有提出抗议
企业货源广泛，无法获取全部发票	一家外贸企业可能同时销售众多不同的产品，这些产品的供应商遍布全国甚至全球，由于货源面太广也可能面临发票无法全部收取的问题

8.1.3 税率高，所缴税种多

根据我国《税法》，外贸企业需要缴纳10种税，具体如表8-2所列。

表8-2 外贸企业应缴税种

类型	内容概述
增值税	根据企业所在行业不同，增值税税率各有不同，如：服务行业增值税税率6%、建筑行业增值税税率9%、贸易行业税率13%，同时小规模纳税人的增值税税率是1%（2022年4月1日起，小规模纳税人阶段性免征增值税）。 不难看出，贸易企业一般纳税人增值税税率为全行业最高
所得税	在我国，居民企业需缴纳税率为25%的所得税，非居民企业所得税税率为20%
出口关税	我国海关进出口关税目前对涉及大约47个税号的商品规定征收出口关税。出口货物的关税税率为单一税则制，即只使用一种税率。目前，出口关税名义税率最高为100%，最低为10%
消费税	我国《消费税暂行条例》随附的《消费税税目税率（税额）表》规定，烟、酒和酒精等11类货物为消费税应税货物，并列明了各应税货物适用的税率，其中最高为45%，最低为3%
城建税	外贸企业应根据我国《城市维护建设税暂行条例》及其实施细则有关规定，需根据所在地区不同而缴纳不同的城建税：所在地为市区的，按7%的税率缴纳；所在地为县城、镇的，按5%的税率缴纳；所在地不在上述两地的，按1%的税率缴纳。计算方式为：（实际缴纳增值税+营业税+消费税）×适用税率
教育费附加	外贸企业应依法缴纳教育费附加，计征依据与城建税一致，教育费附加率为3%
印花税	外贸企业应依法缴纳购销合同印花税，又称印花税，按照合同金额万分之三购票贴花
房产税	房产税有从价计征和从租计征两种，企业自用的房产采用从价计征。根据房产的余值按1.2%的税率交纳。企业出租的房产，根据房产的租金收入按12%的税率交纳

续表

类型	内容概述
车船使用税	外贸企业购置新车、船的，应当在车船管理部门核发机动车行驶证或船舶登记证书所记载登记日期的30日内，向主管地方税务机关申报缴纳车船税。车船税各地缴纳标准不一，缴纳费用也不一样
城镇土地使用税	外贸企业应依法缴纳城镇土地使用税。其税额标准按大城市、中等城市、小城市和县城、建制镇、工矿区分别确定，在0.6～30元/m²之间。由于各地差异较大，以当地税务局官方宣布的为准

8.2 贸易行业税收优惠政策

8.2.1 出口企业退税资格的认定

从"8.1 外贸企业税务的痛点"可知，我国外贸企业面临利润过高、税务压力较大的局面。为此，我国税务总局推出了出口退税等一系列贸易行业的税收优惠政策。

根据财政部、国家税务总局《关于出口货物增值税和消费税政策的通知》，出口企业和其他单位办理出口货物、视同出口货物、对外提供加工修理修配劳务增值税、消费税的退税、免税，应按规定进行出口退（免）税资格认定。

（1）企业需要提交的材料

企业办理出口退（免）税资格认定，须携带以下资料，如表8-3所列。

表8-3 企业办理出口退（免）税资格认定的材料

序号	材料名称
1	出口货物退（免）税资格认定表（一式两份）
2	出口退（免）税企业基本情况采集表
3	《营业执照》（副本）原件及复印件
4	《国税税务登记证》（副本）原件及复印件
5	《增值税一般纳税人资格证书》复印件（企业为一般纳税人时须提供）
6	由商务部及其授权单位加盖备案登记专用章的《对外贸易经营者备案登记表》或《中华人民共和国外商投资企业批准证书》原件及复印件
7	主管海关核发的《自理报关单位注册登记证明书》复印件
8	招标单位所在地国家税务局签发的《中标证明通知书》复印件（企业为无进出口经营权的中标企业时须提供）

续表

序号	材料名称
9	商务部批准使用的中国政府优惠贷款和合资合作项目基金援外的批文复印件（企业为援外出口企业时须提供）
10	委托出口复印件（企业为无进出口经营权的委托出口企业时须提供）
11	来料加工合同
12	《电子缴税入库系统委托缴税协议书》
13	符合国家产业政策的外商投资项目确认书原件及复印件

（2）资格认定的具体流程

对外贸易经营者须将上述材料准备妥当后，根据企业类型，即生产企业、贸易企业，向主管税务机关申请认定，具体流程如图8-2所示。

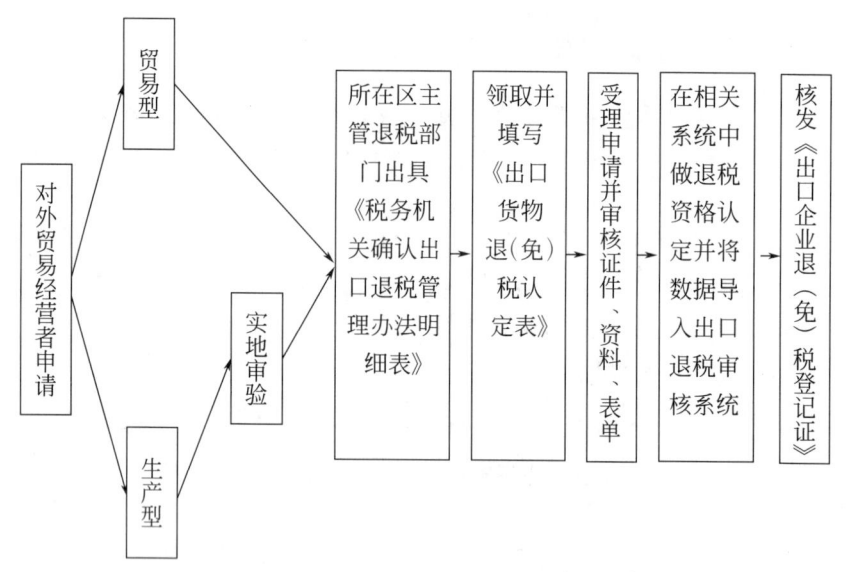

图8-2 企业出口退（免）税资格认定流程

8.2.2 税收优惠政策的内容

经过出口企业退税资格认定后，企业出口货物根据企业类型和出口贸易方式，享受不同的出口退（免）税方法：

（1）出口货物增值税退（免）税

出口货物增值税退（免）税办法主要有3种，如表8-4所列。

（2）出口货物消费税退（免）税

出口货物消费税的退（免）税办法主要有两种，如图8-3所列。

表8-4 出口货物增值税退（免）税的办税方法

类型	内容概述
免税	对国家统一规定免税的货物，不区分是否出口销售，一律实行免税。主要适用于来料加工贸易方式出口的货物、小规模纳税人出口的货物。这类货物在国内的生产、流通环节已免税，出口货物也不再退税
免、退税	对出口销售环节增值部分免税，对进项税额退税。主要适用于外贸企业和实行外贸企业财务制度的工贸企业、企业集团等
免、抵、退税	对本环节增值部分免税，对进项税额准予退税的部分从内销货物的应纳税额中抵扣，不足抵扣的部分实行退税。主要适用于生产企业，包括有进出口经营权的生产企业和无进出口经营权的自营或委托外贸企业代理出口的企业

免税：生产企业出口自产的、属于应征消费品范畴的产品，予以免征消费税

退税：对外贸易企业收购后出口的征消费税产品，予以实行消费税退税

图8-3 出口货物消费税退（免）税的办税办法

8.3 税收优惠政策实施范围

8.3.1 进口企业

我国进出口税收优惠政策的实施范围主要覆盖进口企业、出口企业、新创企业、外商投资企业和从境外进入保税区的货物。

其中，进口企业需要依法缴纳进口增值税、进口关税、特定商品进口消费税。

根据"2021年贸易行业相关税收优惠政策"不难看出，2021年全年财政部、海关总署、税务总局以及国家发展改革委、工业和信息化部等有关部门陆续出台进口减免税政策，涉及集成电路和软件、抗艾滋病病毒药物、民航维修用航材、资源勘探开发利用、新型显示、中西部地区国际展会展品、科技创新、科普等若干领域。

对上述行业实行免税政策根据具体要求不同，可分为免征进口关税和进口环节增值税、消费税，和免征进口环节增值税两种方式。

8.3.2　出口企业

我国财政部、国家税务总局2012年5月发布的《关于出口货物劳务增值税和消费税政策的通知》，对我国出口企业享受出口税收优惠的适用范围进行了规定。

（1）适用增值税退（免）税政策的出口货物劳务

下列出口货物劳务（即出口货物、对外提供加工修理修配劳务、视同出口货物）可以享受免征和退还增值税［以下称增值税退（免）税］政策，如表8-5所列。

表8-5　适用增值税退（免）税的出口货物劳务范围

类型	内容概述
出口企业出口货物	出口企业，是指依法办理工商登记、税务登记、对外贸易经营者备案登记，自营或委托出口货物的单位或个体工商户，以及依法办理工商登记、税务登记但未办理对外贸易经营者备案登记，委托出口货物的生产企业 出口货物，是指向海关报关后实际离境并销售给境外单位或个人的货物，分为自营出口货物和委托出口货物两类 生产企业，是指具有生产能力（包括加工修理修配能力）的单位或个体工商户
出口企业或其他单位视同出口货物	1. 出口企业对外援助、对外承包、境外投资的出口货物 2. 出口企业经海关报关进入国家批准的出口加工区、保税物流园区、保税港区、综合保税区、珠澳跨境工业区（珠海园区）、中哈霍尔果斯国际边境合作中心（中方配套区域）、保税物流中心（B型）并销售给特殊区域内单位或境外单位、个人的货物 3. 免税品经营企业销售的货物 4. 出口企业或其他单位销售给用于国际金融组织或外国政府贷款国际招标建设项目的中标机电产品 5. 生产企业向海上石油天然气开采企业销售的自产的海洋工程结构物 6. 出口企业或其他单位销售给国际运输企业用于国际运输工具的货物 7. 出口企业或其他单位销售给特殊区域内生产企业生产耗用且不向海关报关而输入特殊区域的水（包括蒸汽）、电力、燃气

（2）适用消费税退（免）税或征税政策的出口货物

对于属于下列范围的消费税应税消费品，享受消费税退（免）税政策：

出口企业出口或视同出口适用增值税退（免）税的货物，免征消费税，如果属于购进出口的货物，退还前一环节对其已征的消费税。

出口企业出口或视同出口适用增值税免税政策的货物，免征消费税，但不退还其以前环节已征的消费税，且不允许在内销应税消费品应纳消费税款中抵扣。

出口企业出口或视同出口适用增值税征税政策的货物，应按规定缴纳消费税，不退还其以前环节已征的消费税，且不允许在内销应税消费品应纳消费税款中抵扣。

8.3.3　新创企业

在我国，处于初创期的进出口企业可以享受如下3类主要税收优惠：

（1）增值税小规模纳税人销售额为超限额免征增值税

根据我国财政部与税务总局发布的《关于实施小微企业普惠性税收减免政策的通知》，对月销售额10万元以下（含本数）的增值税小规模纳税人，免征增值税。

（2）小型微利企业减免企业所得税

2022年1月1日至2024年12月31日，对年应纳税所得额超过100万元但不超过300万元的部分，减按25%计入应纳税所得额，按20%的税率缴纳企业所得税。

符合条件的小型微利企业是指从事国家非限制和禁止行业，且同时符合年度应纳税所得额不超过300万元、从业人数不超过300人、资产总额不超过5000万元等3个条件的企业。

（3）减免资源税等"六税两费"

"六税两费"是指资源税、城市维护建设税、房产税、城镇土地使用税、印花税（不含证券交易印花税）、耕地占用税和教育费附加、地方教育附加。

2022年2月，经国务院同意，国家发展改革委、国家税务总局等部门印发通知，提出促进服务业领域困难行业恢复发展若干政策意见，要求将减征"六税两费"政策适用范围由增值税小规模纳税人扩展至小型微利企业和个体工商户，使享受此项政策的市场主体范围进一步扩大。公告明确，由省、自治区、直辖市人民政府根据本地区实际情况以及宏观调控需要确定，对增值税小规模纳税人、小型微利企业和个体工商户在50%的税额幅度内减征。

8.3.4　外商投资企业

外商投资企业，是指由外国资本投资建立的企业，其不同于本国企业，在资金构成、组织结构等方面均展现出差异性。在我国，外商投资企业可以享受如下7种主要税收优惠。

（1）所得税地区投资优惠

外商投资企业可以享受经济特区税收优惠、沿海开放城市（地区）税收优惠、经济技术开发区税收优惠、高新技术产业开发区优惠，具体优惠情况根据各地区政策各有不同。

（2）所得税经营期优惠

新办生产性外商投资企业，经营期在10年以上的，从开始获利的年度起，第一年和第二年免征所得税，第三至第五年减半征收所得税。

从事农业、林业、牧业的外商投资企业和在经济不发达的边远地区投资的外商企业，依照前两条规定享受免税、减税待遇期满后，经企业申请，国务院税务主管部门批准，在以后的十年内可以继续按应纳税额减征15%～30%的企业所得税。

（3）基础产业税收优惠

外商投资企业投资能源、交通行业，不受区域限制，均减按15%的税率征收企业所得税。

（4）再投资退税优惠

外商投资企业的外国投资者，将从企业取得的利润直接再投资于该企业，增加注册资本，或作为资本投资开办其他外商投资企业，经营期不少于5年的，经投资者申请，税务机关批准，退还其再投资部分已缴纳所得税税款的40%（地方所得税不在退税之列）。

外国投资者在中国境内直接再投资举办、扩建产品出口企业或先进技术企业，以及外国投资者将从海南经济特区内的企业获得的利润，直接再投资于海南经济特区内的基础设施建设项目和农业开发企业，经营期不少于5年的，经投资者申请，税务机关批准，全部退还其再投资部分已缴纳的企业所得税税款。

但如果是外国投资者直接再投资举办、扩建的企业，自开始生产、经营起3年内没有达到产品出口企业标准的，或没有被继续确认为先进技术企业的，应当缴回已退税款的60%。

（5）鼓励兴办出口企业和先进技术企业的优惠

外商投资举办的产品出口企业，在依照税法规定免征、减征所得税期满后，凡当年出口产值达到当年企业产品产值70%以上的，可按税法规定减半征收。

但经济特区和经济技术开发区，以及其他已按15%的税率缴纳所得税的产品出口企业，符合上述条件的，减半后税率不足10%的，应按10%的税率征收。

外商投资兴办的先进技术企业，依照税法规定免征、减征期满后仍为先进技术企业的，可以按照税法规定的税率延长3年减半征收。减半后税率不足10%的，应按10%的税率依法征收。

（6）重要生产性与非生产性项目优惠

能源、交通、港口、码头，以及其他重要生产性项目将享受比上述规定更长期限的免征、减征优惠待遇，或者非生产性的重要项目将享受免征、减免的优惠待遇。

（7）其他优惠

外国投资者从外商投资企业取得的利润，免征预提所得税。外商投资企业免征城建税及教育费附加。

8.3.5 从境外进入保税区的货物

在国际贸易实践中，从境外进入保税区的货物，其进口关税和进口环节税，除法律法规另有规定外，可以享受以下4类主要税收优惠：

第一，保税区内生产性的基础设施建设项目所需的机器、设备和其他基建物资，予以免税。

第二，保税区内企业自用的生产、管理设备和自用合理数量的办公用品及其所需的维修零配件，生产用燃料，建设生产厂房，仓储设施所需的物资、设备，予以免税。

第三，保税区行政管理机构自用合理数量的管理设备和办公用品及其所需的维修零配件，予以免税。

第四，保税区企业为加工出口生产所需的原材料、零部件、元器件、包装物件，予以免税。

除上述规定以外，货物或物品从境外进入保税区的，应当依法纳税。

8.4 免退税实操

8.4.1 免退税对象

在了解完进出口各种税收政策后，接下来一同学习出口货物劳务的免退税实操相关知识，首先来了解一下出口退税的对象。

出口免退税对象，即税务部门会对什么货物劳务进行免退税，主要有以下几类。

（1）一般退（免）税的货物范围

根据《出口货物退（免）税管理办法》，凡属于已征或应征增值税、消费税的出口货物，除国家明确规定不予退（免）税的货物和出口企业从小规模纳税人购进并持普通发票的部分货物外，都是出口货物退（免）税的范围，对其均应退还已征增值税和消费税或免征应征的增值税和消费税。

具体来说即满足如下4个条件，就可以申报出口货物退（免）税，如表8-6所列。

表8-6 申报出口货物退（免）税的条件

申报出口货物退（免）税的条件	1.属于增值税、消费税征税范围的货物
	2.是报关离境的货物
	3.是在财务上作销售处理的货物
	4.是出口收汇并已核销的货物

（2）适用增值税退（免）税的出口货物劳务

根据我国财政部、国家税务总局发布的《关于出口货物劳务增值税和消费税政策的通知》，享受增值税退（免）税政策的出口货物劳务具体如表8-7所列。

表8-7 适用增值税退（免）税的出口货物劳务

类型	内容概述
出口企业出口货物	指依法向海关报关后实际离境并销售给境外单位或个人的货物，分为自营出口货物和委托出口货物两类
出口企业或其他单位视同出口货物	1.出口企业对外援助、对外承包、境外投资的出口货物 2.出口企业经海关报关进入国家批准的出口加工区、保税物流园区、保税港区、综合保税区、珠澳跨境工业区（珠海园区）、中哈霍尔果斯国际边境合作中心（中方配套区域）、保税物流中心（B型）并销售给特殊区域内单位或境外单位、个人的货物 3.免税品经营企业销售的货物，国家规定不允许的除外 4.出口企业或其他单位销售给用于国际金融组织或外国政府贷款国际招标建设项目的中标机电产品 5.生产企业向海上石油天然气开采企业销售的自产的海洋工程结构物 6.出口企业或其他单位销售给国际运输企业用于国际运输工具的货物 7.出口企业或其他单位销售给特殊区域内生产企业生产耗用且不向海关报关而输入特殊区域的水（包括蒸汽）、电力、燃气 8.除我国财政局、国家税务总局《关于出口货物劳动增值税和消费税政策的通知》及财政部和国家税务总局另有规定外，视同出口货物适用出口货物的各项规定
出口企业对外提供加工修理修配劳务	对外提供加工修理修配劳务，是指对进境复出口货物或从事国际运输的运输工具进行的加工修理修配

（3）适用增值税免税的出口货物劳务

适用增值税免税政策的出口货物劳务，具体如表8-8所列。

表8-8 适用增值税免税的出口货物劳务

类型	内容概述
出口企业或其他单位出口规定的货物	1.增值税小规模纳税人出口的货物 2.避孕药品和用具，古旧图书 3.软件产品。其具体范围是指海关税则号前四位为"9803"的货物 4.含黄金、铂金成分的货物，钻石及其饰品 5.国家计划内出口的卷烟 6.已使用过的设备。其具体范围是指购进时未取得增值税专用发票、海关进口增值税专用缴款书但其他相关单证齐全的已使用过的设备 7.非出口企业委托出口的货物 8.非列名生产企业出口的非视同自产货物 9.农业生产者自产农产品 10.油画、花生果仁、黑大豆等财政部和国家税务总局规定的出口免税的货物 11.外贸企业取得普通发票、废旧物资收购凭证、农产品收购发票、政府非税收入票据的货物

续表

类型	内容概述
出口企业或其他单位出口规定的货物	12.来料加工复出口的货物 13.特殊区域内的企业出口的特殊区域内的货物 14.以人民币现金作为结算方式的边境地区出口企业从所在省（自治区）的边境口岸出口到接壤国家的一般贸易和边境小额贸易出口货物 15.以旅游购物贸易方式报关出口的货物
出口企业或其他单位视同出口的货物劳务	1.国家批准设立的免税店销售的免税货物[包括进口免税货物和已实现退（免）税的货物] 2.特殊区域内的企业为境外的单位或个人提供加工修理修配劳务 3.同一特殊区域、不同特殊区域内的企业之间销售特殊区域内的货物
出口企业或其他单位未按规定申报或未补齐增值税退（免）税凭证的出口货物劳务	1.未在国家税务总局规定的期限内申报增值税退（免）税的出口货物劳务 2.未在规定期限内申报开具《代理出口货物证明》的出口货物劳务 3.已申报增值税退（免）税，却未在国家税务总局规定的期限内向税务机关补齐增值税退（免）税凭证的出口货物劳务

需要注意的是，对于适用增值税免税政策的出口货物劳务，出口企业或其他单位可以依照现行增值税有关规定放弃免税，并依照相关规定缴纳增值税。

8.4.2 退（免）税的税种

出口企业出口货物、对外提供加工修理修配劳务，依照我国财政部、税务总局发布的《关于出口货物劳务增值税和消费税政策的通知》，享受增值税和消费税退（免）税优惠政策，如表8-9所列。

表8-9 退（免）税的税种

类型	内容概述
增值税	是指在中华人民共和国境内销售的货物或者提供加工、修理修配劳务以及进出口货物的单位和个人，就其应税货物销售、加工、修理修配过程中的增值税和进口货物金额征收的一种税
消费税	是指对我国境内生产、委托加工和进口应税消费品的单位和个人征收的一种流转税

8.4.3 出口货物退（免）税的税率

依照我国财政部、税务总局发布的《关于出口货物增值税和消费税政策的通知》，出口货物的税率与退税率具体如下：

(1) 出口货物增值税退税率

我国出口货物增值税退税率共计9个档次，包括17%、16%、15%、14%、13%、11%、9%、5%、3%。

(2) 出口货物消费税退税率

出口企业出口或视同出口适用增值税征税政策的货物，应按规定缴纳消费税，不退还其以前环节已征的消费税，且不允许在内销应税消费品应纳消费税款中抵扣。具体的消费税税目、税率，依照《中华人民共和国消费税暂行条例》所附《消费税税目税率表》执行。

《消费税税目税率表》包括烟等14大类消费品，如表8-10所列。

表8-10 《消费税税目税率表》

税目	税率
一、烟	
1.卷烟	
（1）甲类卷烟	45%加0.003元/支
（2）乙类卷烟	30%加0.003元/支
2.雪茄烟	25%
3.烟丝	30%
二、酒及酒精	
1.白酒	20%加0.5元/500克（或者500毫升）
2.黄酒	240元/吨
3.啤酒	
（1）甲类啤酒	250元/吨
（2）乙类啤酒	220元/吨
4.其他酒	10%
5.酒精	5%
三、化妆品	30%
四、贵重首饰及珠宝玉石	
1.金银首饰、铂金首饰和钻石及钻石饰品	5%
2.其他贵重首饰和珠宝玉石	10%
五、鞭炮、焰火	15%
六、成品油	
1.汽油	
（1）含铅汽油	0.28元/升
（2）无铅汽油	0.20元/升
2.柴油	0.10元/升
3.航空煤油	0.10元/升
4.石脑油	0.20元/升
5.溶剂油	0.20元/升
6.润滑油	0.20元/升
7.燃料油	0.10元/升

续表

税目	税率
七、汽车轮胎	3%
八、摩托车	
1.气缸容量（排气量，下同）在250毫升（含250毫升）以下的	3%
2.气缸容量在250毫升以上的	10%
九、小汽车	
1.乘用车	
（1）气缸容量（排气量，下同）在1.0升（含1.0升）以下的	1%
（2）气缸容量在1.0升以上至1.5升（含1.5升）的	3%
（3）气缸容量在1.5升以上至2.0升（含2.0升）的	5%
（4）气缸容量在2.0升以上至2.5升（含2.5升）的	9%
（5）气缸容量在2.5升以上至3.0升（含3.0升）的	12%
（6）气缸容量在3.0升以上至4.0升（含4.0升）的	25%
（7）气缸容量在4.0升以上的	40%
2.中轻型商用客车	5%
十、高尔夫球及球具	10%
十一、高档手表	20%
十二、游艇	10%
十三、木制一次性筷子	5%
十四、实木地板	5%

8.4.4 出口货物退免税的计算方法

我国现行出口货物增值税的退免税的计算按照增值税和消费税可分为以下两种情况。

（1）增值税退免税

出口货物增值税有3种，即免退法、免抵退税法、免税法，如表8-11所列。

表8-11 出口货物增值税退免税办法

类型	内容概述
外贸企业的"免、退"税	即对本环节增值部分免税，进项税额退税。目前，外（工）贸企业、部分特定退税企业实行此办法。应退税额=外贸收购不含增值税购进金额×退税率（或出口货物数量×加权平均单价×退税率）。其中从小规模纳税人购进的出口货物的应退税额计算：应退税额=[普通发票所列（含增值税）销售金额]/（1+征收率）×6%或5%
生产企业的"免、抵、退"税	即对本环节增值部分免税，进项税额准予抵扣的部分在内销货物的应纳税额中抵扣，抵扣不完的部分实行退税。目前，生产企业实行此办法

续表

类型	内容概述
列名钢铁企业的"免、抵"税	即对本环节增值部分免税，进项税额准予抵扣的部分在内销货物的应纳税额中抵扣。销售"以产顶进"钢材的列名钢铁企业实行此办法
部分企业的免税	即对出口货物直接免征增值税和消费税。对出口卷烟企业、小规模出口企业等实行此办法

（2）消费税退免税

出口货物消费税，除规定不退税的应税消费品外，分别采取免税和退税两种办法，如图8-4所示。

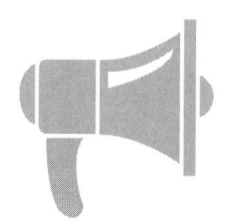

免税：对有进出口经营权的生产企业直接出口或委托外贸企业代理出口的应税消费品，对没有进出口经营权的生产企业委托出口的应税消费品，一律免征消费税。

退税：对外贸企业收购后出口的应税消费品实行退税。

图8-4 消费税退免税办法

8.4.5 免退税的几个时限

根据我国税务总局《关于进一步规范出口退（免）税申报、审核程序》的通知，出口企业在办理出口退税时要特别注意申报程序，注意时间观念，以免造成损失。因此，出口企业在办理出口退税时，需要注意3个重要时限。

表8-12 免退税的3个重要时限

类型	内容概述
90天	出口企业要在货物报关出口之日起的90天内，对出口退税申报手续进行办理，生产企业要在货物报关出口之日起的三个月之后在其免抵退税申报期内对免抵税申报手续进行办理
90天	对中标机电产品和外商投资企业购买国产设备等其他视同出口货物的，应在购买产品开具增值税专用发票的开票之日起90天内，向退税部门申报办理出口货物退（免）税手续
3个月	如果出口企业存在出口货物纸质退税凭证丢失或内容填写有误的情况，按有关规定可以补办或更改的，在申报期限内，出口企业可以通过退税部门提出延期办理出口货物退（免）税申报的申请，经批准后，可延期3个月申报

第 9 章
风险防范：杜绝运输隐患，减少货物损失

风险在国际贸易中是客观存在的。从宏观层面看，有本国和目标国的社会风险、政策风险、经济风险、技术风险和文化风险；从微观层面看，有企业经营战略、合同风险、运输风险、结算风险、价格风险等。因此，学会识别贸易风险，做好贸易风险控制工作，并制定积极的应对措施非常有必要。

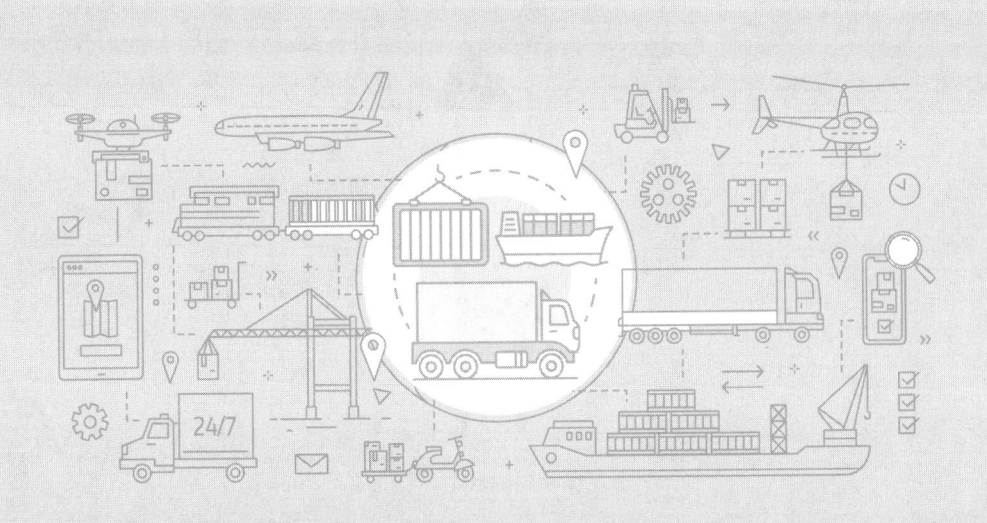

9.1 国际海运风险防范

9.1.1 国际海运的风险种类

在国际贸易实践中，货物运输环节是最重要，也是风险最大、最复杂的环节之一。在进行国际货物海洋运输过程中，货物通常会遇到两大类风险，如表9-1所列。

表9-1 国际货物海洋运输的风险种类

类型	内容概述
海上风险	在保险中又被称作海难，包括海上发生的自然灾害和意外事故，主要是由不可抗力引起的难以预测与控制的风险。其中，自然灾害是指由于自然界的变化和异动造成的灾害。在海运保险中，自然灾害，指的是恶劣气候、雷电等人力不可抗拒的灾害。意外事故，指的是搁浅、触礁、沉没、碰撞、火灾、爆炸、失踪等
外来风险	是指由于外来因素引起的风险，可以分为一般外来风险和特殊外来风险，通常是可以提前采取预防措施的。前者是指货物在运输途中由于偷窃、下雨、短量、渗漏、破碎、受潮、受热、霉变、串味、沾污、钩损、生锈、碰损等原因所导致的风险。后者是指由于战争、罢工、拒绝交付货物等政治、军事、国家禁令及管制措施所造成的风险与损失

9.1.2 国际海运各个环节的风险评估

在了解完国际海运整体的风险种类后，再按照国际海运中各个环节来逐一分析其存在的风险，主要包括如图9-1所示的6个。

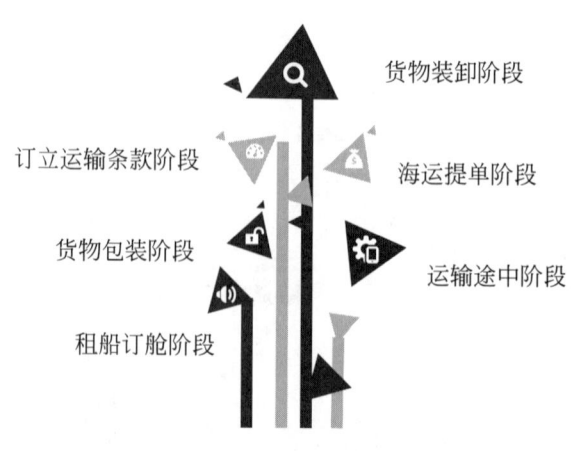

图9-1 国际海运各个环节的风险评估

（1）订立运输条款阶段

运输条款是国际贸易合同的重要组成部分，同时也是买卖双方达成并签订的一种运输协议。在订立运输条款时也是有风险的，为将这种风险降到最低应注意如表9-2所列的3点。

表9-2 企业订立运输条款的注意点

类型	内容概述
装运期	装运期的确定应考虑到商品的性质与特点，并给予装运留有一定的机动余地。同时，应对装运期仔细审查，是否有不符合常规的异常写法，是否表达恰当，是否存在为了不利于信用证下"相符交单"达成的条款内容描述
装运港与目的港	买卖双方通常根据自身利益与需求来确定货物装卸港。因此，在国际贸易实践中，装运港通常由卖家提出，而目的港通常由买家提出，而后双方通过协商再达成一致意见。因此，企业需要注意装运港通常应以接近货源所在地港口为宜，并考虑港口和国内运输的条件与费用。目的港应规定具体明确，避免使用"××国主要港口"等笼统规定
分批装运与转船	通常而言，允许分批装运和转船会对卖方较为主动有利。因此，为了避免不必要的争议，我国出口企业可以争取在合同中做出"允许分批装运与转船"等类似规定

（2）货物包装阶段

国际贸易的货物包装相较国内贸易而言，要求更加严格，可能存在的风险如表9-3所列。

表9-3 国际贸易货物包装的注意事项

国际贸易货物包装的注意事项	要考虑到货物本身的特性
	要起到保护、美化商品的作用
	要考虑到跨国运输途中的搬运、装卸、运输等
	要充分考虑有关国家的风俗习惯、宗教信仰、语言、消费习惯和水平、法律法规以及国际惯例、国际条例和法规等

（3）租船订舱阶段

企业在国际贸易实践中，为防止不必要的风险，租船订舱应按照如表9-4所列的步骤去做。

表9-4 企业租船订舱的步骤

类型	内容概述
步骤一	应根据货物的种类、数量、特性，再结合租船市场的情况，选择班轮运输还是租船运输
步骤二	确定运输方式后，应首先选择资信较好的公司，其次考虑运费，确定租哪家公司的船

续表

类型	内容概述
步骤三	确定船东后再考虑订舱的问题。订舱时，企业应如实告知货物的名称、种类、包装状态、数量、运输的特殊要求等
步骤四	企业应认真做好租船订舱合同，厘清双方的义务责任，以避免后续不必要的纠纷

（4）货物装卸阶段

负责装卸的企业一方应做好船货衔接工作，避免出现货等船或船等货的情况。货物应在规定的时间抵达装运港码头，不可太早，以防遇上天气突变等情况，也不可太晚，要给装船留出充裕的时间。

（5）海运提单阶段

海运提单是船公司签发的货物收据，也是托运人与船公司签订的运货契约，对承运人和托运人双方当事人都有法律约束力，同时也是持单人在目的港提请船公司交付货物的凭证。但在实践中，海运提单的使用也存在诸多风险，主要有4种情况，如表9-5所列。

表9-5　海运提单的常见风险情形

类型	内容概述
倒签和预借提单	倒签提单，是指提单签发日期早于货物的实际装船日期的提单。预借提单，是指由于信用证规定的装船期和交单结汇期已到，货主因故未能及时备妥货物导致货物尚未装船完毕的，或由于船公司的原本船舶未能在装运期内到达装运港，应托运人要求而由承运人或其代理人提前签发的已装船提单。总之，两者都对买家构成合谋欺诈，可能致使买家承受重大损失
伪造提单	有些不法企业利用信用证"只审核单据不审核实物"的特点，串通船方伪造提单，骗取买方付款。外贸企业应该在双方达成贸易合作前，严格审核卖家资信，选择信誉好的交易伙伴，来预防该种行为
无提单交货	由于种种原因，货物抵达目的港时，可能提单还没有流转到收货人手中。如果承运人此时将货物交给非正本提单持有人，则可能造成错误交货，构成对提单持有人的侵权。企业应选择可靠的海运公司来运输货物，来降低该种风险产生
以保函换取清洁提单	在实践中，托运人可能与承运人达成合作，由托运人出具保函，换取其开具清洁提单，约定后续一旦收货人向承运人索赔，托运人将承担赔付责任。但实际上，大部分国家法律都认为保函本身就对第三方收货人具有欺诈性，法院将不会以保函作为依据判决其项下发生货损货差问题的责任方

（6）运输途中阶段

货物在运输途中遇到的风险通常要比上述5个环节大得多，主要是由不可抗力引起的，如自然灾害、意外事件、海盗劫持等。对于这些风险，企业通常可以投保来转嫁货物风险，防患于未然，减少可能出现的损失。

9.1.3 防范海运风险的常用方法

企业在从事国际海洋运输贸易的时候要高度警惕，做好各方面的预防性措施。常用的方法有如表9-6所列的3种。

表9-6 防范海运风险的常用方法

类型	内容概述
采取预防性措施	加强企业员工特别是外贸业务员的培训，使其能够熟悉有关国际货运的相关专业知识、行业术语、关键环节风险点等，以及处理索赔和进行迅速有效追偿，在缮制单证时，能够做到规范、正确、字迹清楚等。同时，企业应与专业的分包人、船舶所有人、仓库保管人、公路运输经营人等合作，保证其能胜任职务
完善信用管理体系	逐步建立完善规范的内部管理体系，减少因不规范而遭受的欺诈行为。其次，企业应通过审查客户资信、调研我方产品在目标国市场的情况等，来获取优质客户，排除有潜在风险的客户。此外，可以根据具体贸易情况，通过出口信用、出口保理业务、银行保兑业务等方式，来降低企业收汇和信用风险
投保海上货物运输保险	国际货物运输风险防范手段中一个最为重要的环节就是投保。通常，投保范围越大，费用越高，企业应在保险范围和保险费用之间寻找一个平衡点。这就要求企业对自己所面临的风险进行评估，包括货物情况、包装情况、运输方式、路线、工具、进口国局势等诸多因素

9.2 信用证风险防范

9.2.1 外贸出口的信用证风险简析

我国自2001年12月11日正式加入世界贸易组织以来，信用证已逐渐成为我国企业对外贸易的主要结算方式。但由于信用证本身特有的机械化、"严格一致"的审单要求，常为不法商人行骗假冒所利用，所以信用证在客观上也存在一定风险。

从出口贸易业务的角度分析，出口企业的风险主要有9类，如表9-7所列。

表9-7 出口信用证的风险

类型	内容概述
进口企业不依合同开证买卖合同	由于种种原因，客户不依照合同条款开证，从而使双方执行合同发生困难，或者使出口企业产生额外的损失
进口企业在信用证中故设障碍	进口企业利用信用证"严格一致"的审单原则，故意在信用证中增添一些难以履行的条件或陷阱，如规定不确定、有文字错误以及条款内容相互矛盾
进口企业伪造信用证	进口企业伪造信用证，或窃取其他银行已印好的空白格式信用证，或与已倒闭或濒临破产的银行恶意串通，导致出口商货款两失
进口企业在信用证中规定的要求不易获得	进口企业在信用证中规定出口企业必须取得某位特定人士签字的单据，或要求FOB或CFR条件下凭保险公司回执申请议付，但这些对作为受益人的卖方来说根本无法履行或非卖方所能控制
信用证规定的要求不符合国家法律法规的规定	进口企业故意在信用证上注明一些不符合国家相关法律法规的要求，如国外来证规定，要求同时投保伦敦协会的"一切险"和中国人民保险公司的战争险附加险。虽然可以顺利办理，但中国人民保险公司规定不能同时投保中外两个保险机构，只能取其一
进口企业恶意涂改信用证诈骗	进口企业将过期失效的信用证刻意涂改，变更原证的金额、装船期、受益人名称，并直接邮寄或面交受益人，以骗取出口货物，或诱使出口方向其开立信用证，骗取银行融资
进口企业伪造保兑信用证诈骗	进口企业会在提供假信用证的基础上，为获得出口方的信任，蓄意伪造国际大银行的保兑函，以达到骗取卖方大宗出口货物的目的
进口企业规定必须另行指示才能生效的信用证	进口企业会在信用证上做出"必须另行指示才能生效"的规定，如：规定进口许可证须核准，信用证才能生效
进口企业规定的要求已非信用证交易范畴	进口企业在信用证中规定必须在货物运至目的地后，经检验合格或经外汇管理当局核准后方可支付货款。实际上，这些已非信用证交易范畴，无法保障出口商的权益

9.2.2 外贸出口信用证风险的防范

为了避免上述风险导致不可弥补的损失，出口企业可以采取预防性措施，如表9-8所列。

表9-8 出口企业防范信用证风险的措施

类型	内容概述
加强对开证行与进口企业的资信调查	寻找一些独立的调研机构对开证行或者保兑行的资信状况进行调查，建立合理有效的信用评级体系，开立客户资信档案，重点了解被调查的开证行的财务状况、经营情况、信用等级等

续表

类型	内容概述
及时学习跟进国家相关法律法规	学习并熟知与信用证相关的法律法规，严格按照法律明文规定进行交易，特别是对《UCP600》的遵守，避免由于进口商或者承运人钻法律漏洞而使自身利益受损
加强对信用证"软条款"的防范	收到对方开来信用证后，应及时进行严格仔细的审核，重点查看是否存在"陷阱条款"，注意信用证设置的条款是否与合同保持一致，如果出现不符点，应该立即通知开证行和进口方修订条款
严格按照信用证规定制单与交单	严格按照信用证的要求，及时、完整地缮制所规定的各种单据，并在规定的期限内交单。如出口企业收到信用证上注明目的港为"Pusan"，但船公司开具提单上目的港是"Busan"，虽然Pusan是Busan的另一种写法，但最终议付行仍旧对出口商的交单拒付

出口企业务必要牢记信用证是独立于实物的一种支付工具，应严格做到"单单一致""单证一致"，才能避免货款被拒付的风险。

9.2.3 信用证交易中发生拒付时应采取的措施

出口企业在信用证下交单，一旦出现与实际不相符的情况，开证行有权向提交单据的一方提出不符点，并解除自己的付款责任。这时就会出现拒付的情况。面对信用证项下的单据被拒付，出口企业可以采取如图9-2所示的7项应对措施。

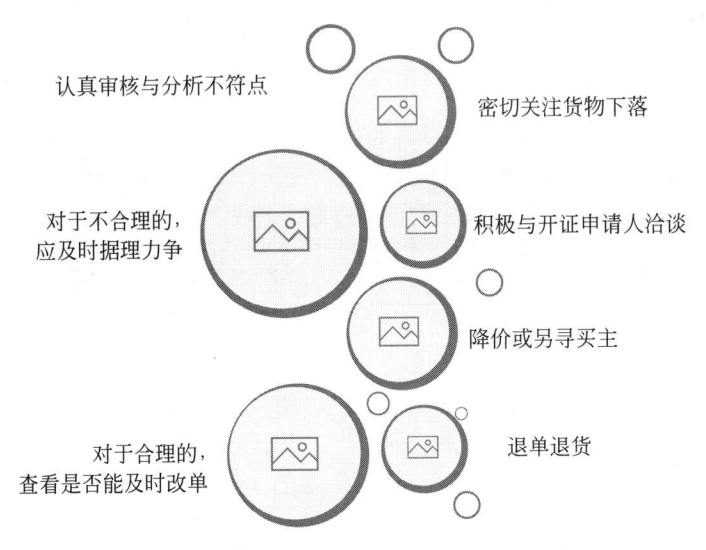

图9-2 信用证交易中发生拒付时应采取的7项措施

（1）认真审核与分析不符点

当企业在收到拒付通知时，应立即以国际惯例、合同为依据，审核出口信用证条款，分析银行提出的不符点，查看银行拒付是否合理。

（2）对于不合理的，应及时据理力争

出口企业可能会遇到一些信誉较差的银行，或银行伙同客户，以无害不符点甚至无理不符点进行拒付，此时企业应据理力争，要求银行重新按照《UCP600》等国际惯例进行单据审核并付款。

此外，有时还会出现由于银行审单人员自身素质或语言水平限制，提出的不符点并不合理或是误会，此时出口企业也应据理力争。

（3）对于合理的，查看是否能及时改单

如果单据确实存在不符点，开证行并已就此提出拒付，只要企业在信用证规定的有效期和议付期内将改正的单据提交到指定银行，且没有新的不符点，则视为单据不存在不符点，开证行必须付款。因此，出口企业一旦获知开证行提出不符点，反应一定要快，查看是否来得及改单，如有可能，应迅速改单并及时将单据交到指定银行手中。

（4）密切关注货物下落

《UCP600》规定，银行拒付后可以选择持单听候指示，或将单据退回交单者，不得擅自向开证申请人（进口企业）放单，否则其必须付款。而有些客户为了尽快提取货物，可能会向开证行申请向船公司开具书面担保，承诺事先提货，日后补交正本提单。

如此时出口企业必须直接或经议付行要求开证行退单，然后向船公司索要货物，船公司因无法提供货物，必然转而找开证行，要求其履行提货担保项下的责任，则开证行不但损失信誉，还可能承担比货款更多的经济损失。在这种情况下，开证行往往在获知客户已凭其提货担保提货的事实后，会立即付款，即默认接纳不符点。

总之，遇到这种情况，出口商一定要及时通知开证行，避免出现钱货两失。

（5）积极与开证申请人洽谈

开证行拒付并不意味着开证申请人拒付。如果开证申请人最终放弃不符点，尽管开证行并不受开证申请人的约束，但一般会配合开证申请人付款。因此，当开证行拒付后，如果不符点确实成立，企业可以尝试游说开证申请人即进口商接受不符点并付款。

（6）降价或另寻买主

如果不符点确实是成立的，且客户拒不接受不符点，企业可以尝试降价，与客户再次交涉。如果对方还是拒绝，企业也可以根据市场情况，积极联系新的买家。

（7）退单退货

如果上述措施都没有取得成果，那么出口企业就只有一个选择：退单退货。这时，企业应仔细核算运回货物所需的费用，并与货值比较权衡。如果确定退单退货，则企业应立即安排退运，因为时间越久，港杂费、仓储费等杂费就越高。如果确定退单退货得不偿失，则企业可以选择弃货，任由对方国家海关处理。

9.2.4 反信用证诈骗的措施

信用证欺诈形式多种多样，按欺诈实施的主体不同可分为受益人实施的欺诈、申请人实施的欺诈。而按欺诈手段的不同又可分为假冒信用证、软条款信用证、伪造信用证单据等。

其中，受益人实施的欺诈在国际贸易实践中，是作案率最高、最容易得逞的一类信用证欺诈，如伪造单据、提交欺诈性单据等。而申请人实施的欺诈，在"9.2.1 外贸出口的信用证风险简析"中已经介绍过，如使用假冒信用证、设置软条款等。

对于后一类欺诈行为，在"9.2.2 外贸出口信用证风险的防范"中已经详述，此处不再赘述。下面将重点针对受益人实施的欺诈，来介绍进口企业如何采取相应的反诈骗措施，主要有3个，如表9-9所列。

表9-9 进口企业的反诈骗措施

类型	内容概述
慎重选择交易对象	进口企业应缜密地调查卖方的信誉，慎重地选择交易对象，在此基础上进行评估，对信誉不良者拒绝从事交易，或采取其他支付方式如托收，或要求对方提供银行担保等
在信用证中规定提供检验报告等证明货物品质的单据	不装、短装货物欺诈是不法商人在利用信用证中银行只核对单据而不查验货物的特点，而在装运货物时进行货物数量的诈骗。进口企业申请开立信用证应谨慎，规定卖方提交单据时，除要求提供商业发票、提单等一般性单据外，还得提交公证报告，或检验结果符合合同规定规格时，方予以承兑、付款
在信用证中规定核实单据的办法	假单据欺诈，是不法商人利用信用证交易中银行仅从形式要件上审核单据而不负责其真实性、有效性的特点进行的欺诈，进口企业可以通过在信用证中规定单据的核实办法来防止。如在信用证中规定货物装运后，将信用证号码、开船日期及提单号码，以电报通知开证行或买方，并附上经轮船公司签署的该电报副本，来防止假提单

9.3 外汇风险防范

9.3.1 外汇风险的种类与构成要素

相较于国内贸易而言，企业从事国际贸易会面临一个特有的风险。一家外贸企业的经营活动过程、结果与其经营收益等方面，都会受到外汇汇率的影响，而引起外汇风险。根据受影响的对象不同，外贸企业面临的外汇风险可以分为3种，如表9-10所列。

表9-10　外汇风险的种类

类型	内容概述
交易风险	又称交易结算风险，是外贸企业经营过程中最主要的风险，是指由于外汇汇率波动而引起的应收资产与应付债务价值变化的风险。包括 1.以信用方式购买或销售商品或劳务，价格是用外币计算的，在货物装运或劳务提供后，货款或劳务费用尚未收支这一期间，外汇汇率变化所发生的风险 2.以外币计值的国际借贷活动，在债权债务尚未清偿前所存在的汇率波动风险 3.在远期外汇交易中，由于合约规定的远期汇率与合约到期日的即期汇率不一致，而交易的一方按远期汇率收进或付出的货币数额多于或等于按期交割日即期汇率收进或付出的货币数额而发生的风险
会计风险	又称外币折算风险、转换风险，是指因为汇率变化而引起资产负债表中某些外汇项目金额变动的风险，主要出现在跨国公司编制综合财务报表时。因为在综合财务报表中，必须将最初以外币计值的海外附属公司的资产、负债、收入、费用和损益，以及存放于境外银行的外币存款等，按一定的汇率进行折算，以母公司所在国货币来表示。在两次会计报告期间，汇率的波动会导致折算后的资产负债比某些外汇项目金额增加或减少，从而产生外汇风险
经济风险	又称经营风险，是指由于外汇汇率变动对企业外来产销数量、价格、成本等产生影响，从而引起企业未来一定期间收益增加或减少的潜在风险，注意不包括预期的汇率变动。经济风险的影响力是长期性的，需通过经济分析才能了解

9.3.2　外汇风险的识别与衡量

外汇风险的识别与衡量是防范汇率风险的前提，对于一家外贸企业来说，能够及时明确所面临的外汇风险的类型，进一步识别并衡量该风险，才能为制定相应防范策略提供依据的基础，如表9-11所列。

表9-11　防范外汇风险的措施

类型	内容概述
交易风险的识别与衡量	关键在于查看企业是否从事以外汇计价的交易，包括 1.查看企业是否从事以延期付款方式，用外币计价的商品、劳务的买卖 2.查看企业是否从事以外币计价的借、贷款业务 3.查看企业是否从事面额为外币表示的其他金融资产交易，如外汇远期合同等 4.查看企业是否存在潜在外汇交易，如：参与某个以外币计价的项目投资 总之，外贸企业从事上述4个方面业务交易越多，企业业务占比越多，则面临的交易风险越大

续表

类型	内容概述
经济风险的识别与衡量	经济风险的识别关键是查看企业利益是否会受外汇汇率影响，包括 1. 查看企业的产品销往何处、国内销售额和国外销售额的比例是多少，以及在这些市场上如何进行必要的促销活动。该比例越大，企业面临潜在经济风险越大 2. 查看企业主要竞争对手是谁，在国内还是国外，竞争对手是否会受到外汇风险的影响，以及受到何种影响、影响的程度等。企业竞争对手越少，竞争对手受到外汇风险影响越大，企业本身面临的潜在经济风险就越小 3. 查看企业生产地点和原材料来源：即查看企业生产在国内还是国外，主要使用的原材料来自国内还是国外，企业国际转移生产和获得原材料的能力如何。企业在国内投入和国外生产相互替代的灵活性越大，所面临的经济风险就越小 4. 查看企业定价策略：即查看企业产品的价格是根据国际市场的行情定价还是根据国内行情定价，计价货币是本国货币、目标市场国家货币还是第三国货币。企业定价受到外汇汇率影响越大，则企业面临潜在经济风险越大 5. 查看企业需求的价格弹性：此处的需求价格弹性是指外汇汇率变动对企业产品销量的影响程度，其越高，企业受到的潜在经济风险越大
会计风险的识别与衡量	会计风险识别关键在于查看企业资产负债是否受到外汇汇率影响，包括 1. 查看企业跨国业务中国外分支机构所占比重：比重越大，在企业财务报表中待定项目承受的会计风险比例就越大 2. 查看企业国外分支机构的地点：分支机构的地点会影响到企业会计风险的程度，因为每个机构的财务报表大多采用机构所在国的货币进行编制。采用外币进行编制的分支机构越多，企业面临的潜在会计风险越大 3. 查看企业会计制度：在很大程度上，跨国公司的会计风险受到企业编制会计报表时转换货币使用的会计程序的影响。会计程序越烦琐、步骤越多，企业面临的潜在会计风险越大

9.3.3 交易风险的防范策略

在识别并衡量外贸企业面临的三种主要外汇风险后，应立即采取相应的针对性防范策略，来将潜在的外汇风险进行转嫁或降至最低，通常有5种措施，如表9-12所列。

表9-12 防范交易风险的措施

类型	内容概述
远期合同法	远期合同，是指外汇买卖双方按外汇远期汇率，在一定时期内买卖外汇而签订的合同。外贸企业可以在国际贸易实践结算前，把用外币结算的交易按照远期合同将汇率先定下来，从而可以避免日后汇率波动的风险

续表

类型	内容概述
提前或拖延收付法	在国际贸易结算中，通过预测支付货币汇率的变动趋势，提前或拖延收付有关款项，是更改外汇资金的收付日期来抵补外汇风险的一种方法。当预计货币升值或汇率上浮时，企业所欠债务提前偿还、应收款项逾期接收。反之，则将债务支付推迟、应收款项提前收回。该策略通常在跨国企业内部或母子公司间进行
货币市场套期保值法	外贸企业可以通过在市场上的短期借贷行为建立新的债权和债务，以减少和消除原外贸交易的风险
通货交换法	两个企业之间可以使用另一种通货来交换，来避免因兑换而产生的外汇交易风险。如：具有英镑债务和美元收入的企业与具有美元债务和英镑收入的企业之间进行交换
平行贷款法	两家跨国企业可以达成协议，同意各自向对方设在本国的子公司提供金额相等的本国货币贷款，贷款期满后，再重新换回各自的本金，以同时降低双方的交易风险

9.3.4 会计风险的防范策略

在国际贸易实践中，企业防范会计风险的最好方法是，以母公司货币计价、以子公司当地货币计价消除交易风险，如表9-13所列。

表9-13 防范会计风险的措施

以母公司货币计价消除会计风险	以子公司当地货币计价消除交易风险
母公司和所有海外子公司的资产和债务头寸都用母公司的报表货币来表示。如此一来，无论本币汇率如何变动，该跨国公司都不会遭受会计风险	母公司和所有子公司将所有面临外汇交易风险的账户都按照当地货币计价。如此一来，每家子公司在处理账务时，可以避免所有交易风险

不难看出，企业在降低会计风险的同时，有可能会增加交易风险。总而言之，企业控制会计风险的措施有限，需要特别重视测算和明确汇率变动对合并收益的影响程度。

9.3.5 经济风险的防范策略

经济风险涉及生产、销售、原材料供应以及区位等经营管理的各方面。因此，对于经济风险的管理超出了财务部门的职责，需要各部门共同努力，通过调整企业经营策略和采取内部管理办法，来防范经营风险，如表9-14所列。

此外，如果企业是跨国公司，还可以采取内部管理的办法，如将某子公司的"正暴露"冲抵其他子公司的"负暴露"，来降低经济风险。

表9-14 经济风险的防范措施

如果外币变动对企业现金流入量的影响比流出量大	如果外币变动对企业现金流入量的影响比流出量小
企业通过减少出口或出口改按本币定价、更多地采用外国原材料、尽早地偿还外币借款，来调整企业经营结构	企业可以通过增加出口或出口改按外币定价、减少使用外国原材料、推迟偿还外币借款，来降低经济风险

9.4 国际结算风险防范

在国际贸易实践中，买卖双方通过国际运输实现货物在不同国家（或地区）之间的转移，同时通过国际结算来实现资金在不同国家（或地区）的转移。然而，各国财务体系差异化、具体会计要求各异，导致了我国许多外贸企业面临海外应收账款、坏账率增多等国际结算环节问题，给我给企业带来严重的经营风险与财务风险。

9.4.1 常见国际结算方式

外贸企业通常使用的常见国际结算方式包括汇付方式、托收方式、信用证方式。

（1）汇付方式

汇付方式，指进口企业通过银行使用一定的结算工具，将款项交出口企业的结算方式。汇付结算主要可以分为预付货款与货到付款两种，如表9-15所列。

表9-15 汇付方式的种类

类型	内容概述
预付货款	又称作先结后出、"先T/T"，是指进口企业先将货款汇至出口企业，出口商收到货款后发运货物，简而言之，就是"先结款，后发货"
货到付款	可以分为寄售与售定。前者是指出口企业将商品运输至国外，委托国外商人寄售，等待商品完全售出后被委托人扣除佣金后将款项完全交付。后者是指进出口双方事先拟定贸易合同，进口企业在收到商品后再交付款项给出口企业

（2）托收方式

托收方式，是指在进出口贸易中，出口企业开具以进口企业为付款人的汇票，委托出口方银行通过其在进口企业所在地分行或代理行向进口企业收取货款的一种结算方式。

（3）信用证方式

信用证是一种银行开立的、有条件的付款承诺，即开证行应开证申请人的要求和指示，开给受益人的书面保证文件。开证行在一定的期限和规定的金额内，只要受益人提交的单据与信用证条款相符，开证银行就一定会付款。

9.4.2 不同国际结算方式下的风险

外贸企业选择不同的国际结算方式，会面临不同的风险，下面来逐一分析。

（1）汇付方式下的风险

外贸企业选择汇付方式所面临的风险，如表9-16所列。

表9-16　汇付方式的风险

类型	内容概述
预付货款	对于进口企业来说贸易风险较大，一旦完成付款，则失去了制约出口企业的手段，能否收货完全依赖出口企业的信用。如出口企业违反国际贸易合同的条款来运输商品等
货到付款	对于出口企业来说贸易风险较大，一旦完成交货，则失去了制约进口企业的手段，能否收货完全依赖进口企业的信用。如进口企业违反国际贸易合同的条款没有及时付款等

（2）托收方式下的风险

托收方式的风险主要表现为两个方面，如表9-17所列。

表9-17　托收方式的风险

类型	内容概述
出口企业的风险在于进口企业拒付货款	如果进口企业出现资金链断裂，或遇到进口市场行情变化，可能会长时间拖欠出口企业货款，甚至拒绝支付款项，进口企业的潜在道德风险极高
进口企业的风险在于商品可能不适销	进口企业可能面临由于进口国的政策或经济援助，不能获得进口许可证，导致货品到达进口地但无法进口，或提货后发现货物品质与数量有问题

（3）信用证方式下的风险

在信用证方式下，货款的支付虽然有银行信用介入，为进出口双方都能提供一定便利，但也无法完全规避商业风险，可以从出口企业和进口企业两个角度来分析，如表9-18所列。

表9-18 信用证的风险

对于出口企业的风险	对于进口企业的风险
第一，软条款风险，即进口企业在信用证上设置付款条件不明确、银行责任不明或者难以遵从的条款，造成出口企业无法完成相符交单	第一，出口企业（或与船公司串通）伪造单据
第二，伪造信用证风险，即进口企业伪造虚假信用证，骗取出口企业发运货物	第二，出口企业提交虚假单据
第三，开证行风险，即开证行无法偿付信用证款项，那么出口企业只能依靠国际贸易合同要求进口企业付清货款，将承担较大的资金风险	第三，出口企业实际发运商品短装或以次充好

9.4.3 谨慎选择结算方式以规避风险

通过对每一种国际结算方式的分析，可以知道单纯采用某一种结算方式已经不能满足贸易双方的要求。面对不断变化的国际市场，企业通常会考虑使用不同结算方式的组合，来确保安全收汇收货，主要有3种组合方式，如表9-19所列。

表9-19 国际结算工具的组合方式

类型	内容概述
信用证与汇款的组合方式	指部分货款采取信用证，其他余款采用汇款结算方式，主要适用于允许货物数量在一定幅度内浮动的某些初级产品的交易，包括信用证与装船前汇款相结合、信用证与预付款结合、信用证与装船后汇款相结合
信用证与跟单托收的组合方式	具体操作流程是：出口企业在商品发货以后要开两张汇票，再根据汇票的属性确定不同的操作流程，属于信用证的货款要以光票为付款依据，而托收则以全套单据进行，在后续结算时需要将全部货款交付完之后才能交单。该组合对于商品出口企业来说具有较强的安全性，能够保证货款及时到付
跟单托收与汇款的组合方式	即在跟单托收方式下，出口企业让进口企业先行给予一定的保证金，作为全部货款的保证，通常要求进口企业支付20%～30%的货款保证金，然后发货。当货物发出，出口企业将进口企业交付的保证金以货款的一部分给予扣除，而剩余的货款则交付给银行进行收取。该组合安全性很强

总而言之，企业在选择国际结算方式时，应充分了解和掌握不同的结算方式或组合方式的特点，再根据自身情况，做出合理选择。

9.4.4 不同结算方式的风险防范

在了解完不同的国际贸易结算方式及其潜在的风险后，企业可以采用如下针对性措施进行风险防范。

（1）以汇付方式作为结算工具的风险防范

汇付方式是一种商业信用，无论企业作为出口企业还是进口企业都应注意两点，如表9-20所列。

表9-20　以汇付方式作为结算工具的风险防范

类型	内容概述
强化对企业信用的调查	彻底调查对方的信用与资质，在确定其信誉良好的情况下再与其达成贸易合作。只有信誉优良的合作伙伴，才能使用汇付方式作为结算工具
出口企业可以使用福费廷或银行保函等方式来转嫁风险	使用福费廷，出口企业可以转嫁商业风险、利率风险给包买商，同时能够获得无追索权的出口贸易融资来减轻资金压力。在货到付款方式下，出口企业可以要求进口企业出示银行保函。如果进口企业到期仍未支付款项，可以凭银行保函由银行来承担付款责任，进而降低出口企业的风险

（2）以托收方式作为结算工具的风险防范

在托收方式下，企业主要可以从两个方面进行风险防范，如表9-21所列。

表9-21　以托收方式作为结算工具的风险防范

类型	内容概述
强化对企业的信誉资质调查	与防范汇付方式的风险相同，企业在以托收方式作为结算工具时，应在交易前充分调查对方企业，选择信誉优质的合作伙伴
及时了解进口国对托收的相关政策法规	熟悉进口国家商业惯例、海关等各项规定，避免违反进口规定

（3）以信用证方式作为结算工具的风险防范

防范信用证方式作为结算工具的风险，可以从进口企业和出口企业两个方面分析。

① 出口企业策略

第一，强化信用风险管理。出口企业在选择贸易合作伙伴的过程中要尽可能地通过有效途径来了解进口企业与开证银行的信誉与资质，选择正确的合作伙伴。对陌生的开证行或资质不齐全的开证行要求开证行委托资质良好的银行在信用证上增加保兑，从而最大程度规避风险。

第二，仔细审核信用证。开具的信用证要与进出口双方签订的贸易合同内容相同，如有不同或有"陷阱条款"，应及时与进口企业联系，修改信用证。

② 进口企业策略

第一，仔细审核企业资信。与出口企业选择贸易合作伙伴的要求一致。

第二，可以尽量选择由买方负责租船订舱的术语，如FAS、FCA、FOB等，可以有效防止出口企业与船运公司勾结或船运公司不守信用而造成的风险。

第10章
接轨跨境电商，足不出户做遍全球生意

电子商务的迅速发展，促使了传统贸易方式的转变与升级，新形势下，催生了一大批跨境电商企业和从业人员。同时，传统外贸企业也开始充分利用互联网优势和电子商务平台，挖掘线上资源，向跨境电商转型。

10.1 跨境电商发展遇契机

10.1.1 跨境电商发展进入新阶段

跨境电子商务是指分属不同关境的交易主体，通过电子商务平台达成交易、进行支付结算，并通过跨境物流送达商品、完成交易的一种国际商业活动。

2020年初，新冠疫情彻底打乱了外贸市场的运行节奏，跨境电商进入了一个新时期。尽管疫情阻隔了人们的交往，但也助推了跨境电商需求的爆发。在被称为"新跨境电商"的阶段里，跨境电商呈现出了3个发展特点，如表10-1所列。

表10-1 跨境电商发展"新时期"的特点

类型	内容概述
去中心化	阿里巴巴等老牌跨境电商平台不再是外贸企业的唯一选择，直播带货、独立站、直营电商、内容种草、社交电商等概念不断兴起，全球用户更加追求个性化、碎片化、即时化
数字化驱动模式	数字化早已成为各行各业共识。2021年，我国商务部官方指出跨境电商趋势之一就是："从主体看，由早期的以个人和贸易型企业为主转变为贸易型企业与生产企业融合发展，许多生产企业由线下转到线上，数字化水平明显提升。"
生态化服务	新时代跨境电商将更加专注于维护客户、经营流量，其余事项将交由专业服务商完成，如建站、供应链、金融等。在新时期，面向跨境电商企业的SAAS服务商越来越多

自1999年第一代跨境外贸B2B平台诞生起，我国跨境进出口电商发展至今已有二十余年的历史。从发展历程来看，我国跨境电商还经历过如图10-1所示的另外3个阶段。

- 跨境电商发展新时期：2020年至今
- 跨境电商发展期：2004～2012年
- 跨境电商萌芽期：1999～2003年
- 跨境电商爆发期：2013～2019年

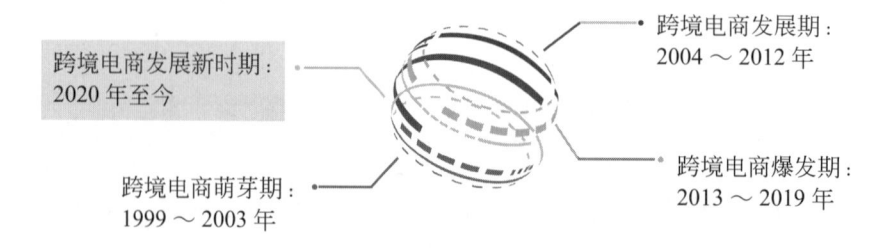

图10-1 我国跨境电商发展的4个阶段

（1）跨境电商萌芽期：1999～2003年

1999年，阿里巴巴创始人马云在湖畔花园创立了第一个能让中国中小外贸企业接触海外采购商的网站——1688.com，也是现如今的阿里巴巴国际站。这也标志着我国跨境电商开启了第一个阶段——萌芽期。

在该期间，我国跨境电商主要通过"线上展示产品、线下交易"方式进行。企业主要是在网络上展示公司以及产品的相关信息，暂时并未出现网上交易环节。

(2) 跨境电商发展期：2004～2012年

2003年，淘宝创建，国内买卖双方可以通过"汇款"完成交易，但随之而来的是门槛高、体验差、效率低、双方不信任等诸多问题。2004年，主打担保交易的支付宝应运而生，并且渐渐形成了在线交易、订单物流管理等功能，在B2B行业里掀起新一轮变革。

同年，时任卓越网CEO的王树彤创办了面向中小企业跨境贸易场景的敦煌网，在B2B黄页网站林立的行业里，率先将跨境电商交易搬到了线上，行业游戏规则因此改变。

在该期间，我国跨境电商逐渐有了固定模式。商家主要以企业贸易合作经营为主，一部分商家开始注重产品供应链的发展，并开始与工厂合作建立稳定的供应链。

(3) 跨境电商爆发期：2013～2019年

2013年，移动互联网在我国普及，"互联网+"概念应运而生，互联网与不同行业的融合进一步加深与加速。除了对传统零售渠道的变革，互联网电商对物流、金融、研发、供应链、制造等环节的影响愈发深入。

在该时期，跨境电商产业进一步发展壮大，出现了大量跨境电商产业带。一方面，越来越多大型外贸企业和工厂参与进来，产品差异化和自主研发能力被更加重视。另一方面，跨境电商不再只局限于解决交易这一环节问题，而是实现从贸易、制造、营销、物流到金融等全链路的打通，这也大大提升了跨境电商中大额订单的占比。

10.1.2 国家政策扶持下的跨境电商机会

2021年以来，跨境电商迎来新的发展机会，一方面是移动互联网的发展与全球化消费观念的兴起，另一方面是以"互联网+"为核心的电子商务成为国家战略重点。时代红利与国家政策扶持的结合，使跨境电商乘势发展了起来，带来了很多新机遇。

2022年3月，浙江省电子商务促进会发布《中国跨境出口电商发展报告(2022)》，显示2016年以来，我国跨境电商相关企业注册量逐年上升。2021年新增1.08万多家，同比增长72.2%，具体如图10-2所示。贸易额也不断增加，2021年我国跨境电商进出口1.98万亿元，同比增长17%，其中出口1.44万亿元，增长24.5%，具体如图10-3所示。

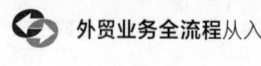

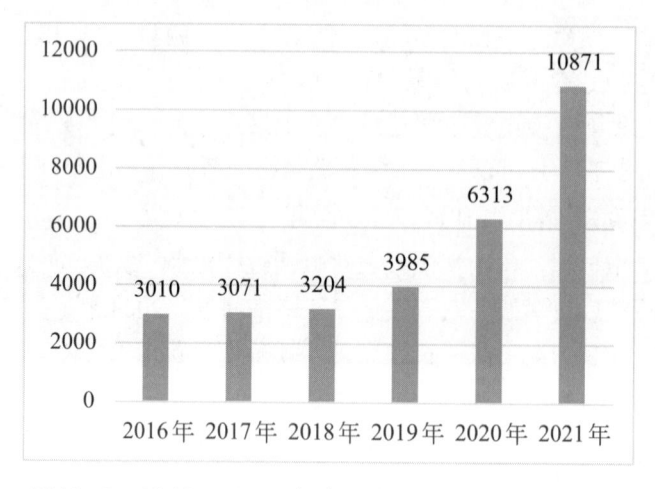

图 10-2　2016～2021 年中国跨境电商相关企业注册量

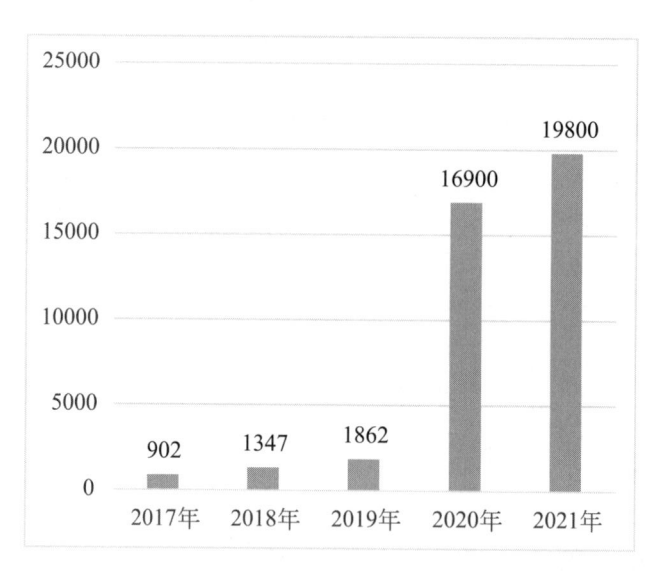

图 10-3　2017～2021 年全国跨境电商进出口总额（单位：亿元）

总而言之，随着互联网技术的快速更替与进步，我国越来越多的传统企业正在进入跨境电商领域，并实现从产品出海到品牌出海的转型。

10.2 转型进出口跨境电商需要解决的 4 个问题

随着经济新常态到来和跨境进出口电商蓬勃发展，传统外贸企业想要转型跨境电商并不容易，需要解决 4 个问题：平台、供应链、流量以及支付系统。

10.2.1 平台

目前,我国企业对B2B通常有两种选择,如表10-2所列。

表10-2 传统企业对于B2B平台的选择

类型	内容概述
直接与跨境电商平台对接,实现供货交易	是传统企业进入跨境电子商务最简单、最直接的方式。要真正与优质卖家配合得当,与卖家建立稳定的长期合作关系,必须在产品开发、弹性生产、库存模块等各方面按跨境零售商的要求做出适当调整,从而最大限度满足合作伙伴的需求。但以这种方式进入跨境电商,工厂很难改变"挣加工费"的角色
自建跨境电商平台经营自主品牌	这种方法能使企业摆脱大平台营运规则的种种限制,但缺点是在项目初期需要一定的投资和技术消耗

10.2.2 供应链

对于传统外贸企业来说,在转型跨境电商的过程中,供应链方面也存在一些急需解决的问题。对于传统外贸企业来说,跨境采购、跨境物流、海关、跨境支付等各个供应链环节上的风险都非常大,而且许多从事跨境电商的企业都会不断地延伸自己的供应链,风险也越来越高,管控和化解风险工作的难度也会越来越高。

一方面,相较于传统的外贸企业来说,转型跨境电商所需贸易链条相对比较长,并且其不稳定性影响因素也随之增多,企业在与各上下游地区的企业进行协同发展的过程中,往往会面临着质量的偏差、疾病暴发的风险、消费者的权益、知识产权等诸多问题,都很难寻求到高效的补偿和救济路径。

另一方面,传统的外贸企业转型为跨境电商后,需要面临着诸多用户体验感欠缺的问题,如跨境商品的质量难以获得良好的保障、货物流通的信息不透明、物流缓慢、退换货困难等。

10.2.3 流量

传统外贸企业由于缺乏优势产品,会导致在转型跨境电商后无法有效打开国际市场,进而阻碍转型顺利进行。对于一家跨境电商企业而言,需要以有竞争优势的优质产品为支撑,才能吸引更多流量,赢得用户青睐,实现自身发展。

一方面,放眼当下的全球市场,"中国制造"产品虽然以低廉的价格优势大量出现在各路买家面前,但在产品质量、品牌形象和服务等方面上并没有赢得广泛认同。这也导致了我国企业销售的外贸产品在国际市场中一直处于弱势地位。"中国制造"甚至一度成为廉价低质产品的代名词。

另一方面，传统外贸企业主要以订单代工生产为主，对于打造自主品牌投入资源较少，这也使得传统外贸企业在转型跨境电商后，所售产品仍处于全球产业价值链的末端，不利于业务开拓。

此外，跨境电商是利用互联网渠道将产品直接销售给终端客户，客户的运营与维护对跨境电商企业的引流和口碑塑造至关重要。但我国传统外贸企业十分缺乏能与全球用户进行有效交流沟通的专业客服人员，这也将极大地影响了客户的消费体验，不利于跨境电商市场的拓展。

10.2.4 支付系统

传统外贸企业转型跨境电商还需要解决支付系统的问题。用户顺利付款，是跨境电商贸易得以顺利进行的关键环节之一。

为了提高跨境电商用户在支付方面的安全性，保护用户与平台的信息安全，跨境电商企业必须选择安全系数较高的支付平台。在当前跨境电商当中，用户主要选择支付宝或境外电子支付平台进行付款。这些平台目前是免费提供给客户使用，但是随着跨境电商的不断发展与交易金额的不断增加，收取交易佣金是必然趋势。

而且现有支付技术不能够同时满足用户支付的安全性与便利性两方面需求，这就在很大程度上制约了传统外贸企业向跨境电商转型。尤其随着用户对跨境电商平台下单的需求越来越大，通过跨境电商平台购买的商品数量越来越多，支付的金额规模越来越大，企业更急需找到一个最优的支付系统，实现保障用户隐私安全与促进跨境电商规模扩大的双重发展目标。

10.3 进出口跨境电商的运营

10.3.1 跨境电商的概念和特征

对于外贸企业来说，想要从事进出口跨境电商，运营是极为重要的一项工作内容。

（1）跨境电商的概念

跨境电商，即跨境电子商务的简称，是指分属不同关境的交易主体，通过电子商务平台达成交易、进行电子支付结算，并通过跨境电商物流及异地仓储送达商品，从而完成交易的一种国际商业活动。

（2）跨境电商的特征

相较于传统外贸而言，跨境电商具有6个显著特征，如表10-3所列。

表10-3 跨境电商的特征

类型	内容概述
全球性	互联网是一个没有边界的媒介，具有全球性和非中心化的特征。因此，基于互联网的跨境电商，也具有全球性和非中心化的特征
匿名性	由于跨境电商的全球性和非中心化特征，导致企业很难识别买家的真实身份和具体地理位置
无形性	网络的发展使得数字化产品及服务传输盛行，而数字化传输则是通过不同类型的媒介进行，如数据、图像和声音，这些媒介在网络中主要以数据代码的形式存在，是无形的
即时性	网络上传输信息的速度与信息地理位置、距离无关。在跨境电商中，信息交流通过互联网进行，较为便捷，发送信息与接收信息几乎同步
无纸性	跨境电商主要采用无纸化的方式进行操作。计算机会自动记录一系列交易数据，并以比特的形式存储与传递
快速演进	跨境电商是一种外贸新模式，现阶段尚处于持续发展和演变阶段，其网络设施和相应协议软件的发展具有很大的不确定性

10.3.2 跨境电商的优势

相较于传统外贸而言，企业从事跨境电商有以下5个方面优势。

（1）能够提升品牌影响力

新兴的跨境电商平台能够实现一站式采购，从生产、分销到终端资源的全面整合，以及全网优势产品报价。传统外贸企业能够通过跨境电商平台的聚合与影响快速掌握优势资源，从而按行业特性找到下游采购商的精准通道，在严重的同质化竞争中脱颖而出。

（2）降低采购成本

外贸企业通过从事跨境电商，与供应商建立企业间电子商务关系，实现网上自动采购，进而减少双方为进行交易投入的人力、物力和财力。同时，采购方企业可以通过整合企业内部的采购体系，统一向供应商采购，实现批量采购，获取折扣，大大节省采购费用。

（3）降低库存成本

外贸企业通过从事跨境电商，能够与上游的供应商和下游的顾客建立企业间电子商务系统，实现以销定产、以产定供，从而保证物流的高效运转和统一，最大限度控制库存。

（4）节省周转时间

外贸企业通过从事跨境电商，能够与供应商和顾客建立统一的电子商务系统，实现企业的供应商与企业的顾客直接沟通和交易，减少周转环节。

（5）扩大市场机会

外贸企业通过从事跨境电商，能够与潜在的客户建立网上商务关系，覆盖原来难以通过传统渠道覆盖的市场，增加企业的市场机会。

总而言之，外贸企业开展跨境电商，能够快速找到自己的行业资源，全面高效地对行业的走向进行了解，推动企业业务开拓。

10.3.3　跨境电商的运营模式

跨境电商主要有3种运营模式，分别如图10-4所示。

图10-4　跨境电商的3种运营模式

（1）自发货模式

自发货模式，是指卖家依靠自己的货源渠道，当有客户在跨境电商平台下单后，通过国际快件包裹送到国外客户的手中。

该模式适合拥有完整生产体系、自主研发品牌产品的工厂或公司。其优势在于企业可以完全控制仓库储存和履行过程，且企业可以根据自己的策略包装商品，从而进一步巩固企业品牌形象。

（2）无货源模式

无货源模式，是企业通过ERP系统一键采集国内电商平台，如淘宝、1688等平台上的产品信息，经系统自动翻译成相应国家的语言，再一键上架到平台店铺上去。当有客户在跨境电商平台下单时，企业通过ERP订单管理系统找到国内产品店铺进行下单，将货物先运至国内中转仓，由中转仓二次打包后，帮企业发往国外买家手里。

该模式适合没有自主工厂的外贸代理商，其利润来源主要是中间差价。其优点在于卖家投入成本较少，无须大量囤货，更不需要考虑客服、物流等方面的问题。但由于无法看到实物，一旦出现售后问题，可能比较被动。

（3）亚马逊配送模式

在国际贸易实践中，还有一种比较特殊的跨境电商运营模式——亚马逊配送模式（Fulfillment by Amazon，FBA），是指卖家提前将货物备至亚马逊指定的仓库，货物销售后，亚马逊负责拣货和发货，但不负责清关和将货物派送至亚马逊仓库。卖家可以选择FBA头程服务来将货物从中国运至亚马逊仓库。

FBA模式是亚马逊特有的一种运营模式，适合在亚马逊上注册店铺的企业。其优势在于可以提升公司在亚马逊平台上的排名，成为亚马逊平台的特色卖家，提高客户信任度和销售转化率。

但FBA也有缺点，它的费用较从国内发货更高，灵活性较差，且不会为卖家的首程发货提供清关服务，一旦前期准备工作没做好，企业的货物可能会被拒绝入库。

总而言之，每一种跨境电商运营模式都各有利弊，企业应根据自身实际情况来进行选择。

10.4 当前环境下跨境电商发展的局限

10.4.1 成本居高不下

与日俱增的物流成本仍是跨境电商企业最头痛的问题之一。2022年7月，敦煌网相关负责人表示：疫情之前物流成本约占商品价格的15%～20%，而今该比例已增加25%～30%。一些华东地区的企业，可能面临原材料进不来、产品运不出去的问题，出口的压力比较大。

同时，新冠疫情对于供应链的打击更大，一些原材料供应不上，且国际运费一路水涨船高，无论是进口还是出口，都面临着巨大压力。

此外，跨境支付结算成本也与日俱增。现阶段跨境电商支付仍存在流程复杂、收费高等问题。当前跨境电商企业线上收款中间环节多，货款回收进度慢，并且跨境电商支付结算的费率较高，这就增加了企业的资金占用及经营风险。

10.4.2 缺乏完善的管理和监督体系

随着国际市场不断开拓，跨境电商的准入门槛逐渐降低，申报条件过于简单。我国跨境电商主体的数量和跨境贸易总量还在不断增长的同时，部分规模相对较小的电商失信、缺信的问题也逐渐显露。

我国跨境电商相关法律建设不完善，无论是对企业还是对消费者的法律保护都存在漏洞，导致经常出现不法分子利用法律漏洞侵害他人合法权益的情况，甚至会出现网络犯罪，极大地影响了企业的正常经营。

我国缺少对跨境电商退税、结汇的相应管理，法律空白问题严重。这些领域甚至成为了法律的灰色地带，严重影响跨境电商的发展。

10.4.3 地区发展不平衡

跨境电商地区之间出现较大发展不平衡的情况，主要体现在两个方面，如表10-4所列。

表10-4 跨境电商地区发展不平衡

类型	内容概述
跨境电商贸易总额的不平衡	东部沿海城市的跨境电商交易额所占比重相对较高，西部内陆省份要想充分享受到跨境电商发展所带来的机遇几乎是很困难的
跨境电商试点城市在发展过程中存在不平衡	沿海地区如广州、深圳等城市，借助沿海的地理位置优势以及相对完善的基础设施在跨境电商方面的发展比较迅速，而且物流仓储建设发展速度快，并具备一定规模，这也在一定程度上促进了其他产业的发展。但一些内陆城市发展较晚，与沿海城市在贸易量方面仍然存在着很大的差距

10.4.4 服务能力弱，综合竞争力有待提高

现阶段，我国从事跨境电商业务的企业服务能力相对较弱，综合竞争力有待提高。

一方面，由于跨境电商平台准入门槛不高，导致我国开展跨境电商业务的企业以中小企业为主，同一行业的竞争者众多。且我国大部分企业的电子商务还处于初始阶段，服务能力较弱，产品没有形成品牌效应，在国际跨境电商平台上的综合竞争力不足。

另一方面，我国目前开展跨境电商B2B业务的企业通常为各种制造企业，由于数量众多，议价能力偏低。而下游消费市场主要是终端客户，面对存在众多企业的跨境电商平台，同一产品的选择余地很大，也反过来削弱了我国从事跨境电商企业的议价能力。

此外，跨境电商业务服务是一项综合服务，从提供产品信息、订货、结算、通关、物流、仓储到融资等环节，企业需要无缝连接到买卖双方。但目前我国企业相关专业化人才仍旧不足，且缺乏长期的规划与战略部署，没有从宏观上对跨境电商业务有足够认识，也滞缓了企业跨境电商业务的发展。

总而言之，从事跨境电商业务一定要注意扬长避短，选择合适自己的运营模式，才能在跨境电商领域里占据一席之地。

附录1　贸易行业最新税收优惠政策解读

我国一直致力于优化外贸环境，提升国际贸易竞争力，出台了一系列的外贸税收优惠政策，旨在鼓励企业积极参与国际贸易活动，促进经济持续健康发展。下面逐一解读2021～2023年间出台的主要优惠政策。

（1）《财政部　海关总署　税务总局关于海南自由贸易港自用生产设备"零关税"政策的通知》（财关税〔2021〕7号）

主要内容：全岛封关运作前，对海南自由贸易港注册登记并具有独立法人资格的企业进口自用的生产设备，除法律法规和相关规定明确不予免税、国家规定禁止进口的商品，以及《海南自由贸易港"零关税"自用生产设备负面清单》所列设备外，免征关税、进口环节增值税和消费税。

政策解读：该政策不仅促进了加工制造业的发展，其受惠面还覆盖研发设计、检测器维修等生产性服务业，医疗健康、文体旅游等服务业，旅游业、现代服务业、高新技术产业等，对推动海南自贸港产业聚集发挥积极作用。

（2）《财政部　海关总署　税务总局关于支持集成电路产业和软件产业发展进口税收政策的通知》（财关税〔2021〕4号）

主要内容：对集成电路线宽小于65纳米的逻辑电路等五类产品免征进口关税。

政策解读：集成电路产业和软件产业是一国信息产业的核心，是引领新一轮科技革命和产业变革的关键力量。该政策实际上是对2020年8月国务院《关于印发新时期促进集成电路产业和软件产业高质量发展若干政策的通知》在财税政策上的落地，将大大支持我国集成电路产业和软件产业的发展。

（3）《财政部　国家发展改革委　工业和信息化部　海关总署　税务总局关于支持集成电路产业和软件产业发展进口税收政策管理办法的通知》（财关税〔2021〕5号）

主要内容：以概括的方式规定以印发以下清单或名单的方式来确定适用此次进口税收优惠的主体，包括享受免征进口关税的集成电路生产企业等4类企业。

政策解读：该政策是对《财政部　海关总署　税务总局关于支持集成电路产业和软件产业发展进口税收政策的通知》（财关税〔2021〕4号）涉及的政策管理办法予以公告明确。

（4）《财政部　海关总署　税务总局关于2021—2030年支持新型显示产业发展进口税收政策的通知》（财关税〔2021〕19号）

主要内容：自2021年1月1日至2030年12月31日，对新型显示器生产企业进口国内不能生产或性能不能满足需求的自用生产性原材料、消耗品和净化室配套系统、生产设备零配件，对新型显示产业的关键原材料、零配件生产企业进口国内不能生产或性能不能满足需求的自用生产性原材料、消耗品，免征进口关税。

政策解读：随着面板产能提升，我国新型显示产业配套体系建设取得了一定成绩，但我国显示产业发展整体上仍处于被动跟随和追赶状态，突出问题是"大而不强"，而该政策是为加快壮大新一代信息技术和新型显示产业发展，提供强有力的支持。

（5）《财政部 国家发展改革委 工业和信息化部 海关总署 税务总局关于2021—2030年支持新型显示产业发展进口税收政策管理办法的通知》（财关税〔2021〕20号）

主要内容：概括地规定以印发以下清单或名单的方式来确定适用此次进口税收优惠的主体，包括新型显示器生产企业和新型显示产业的关键原材料、零配件生产企业等。

政策解读：该政策是对《财政部 海关总署 税务总局关于2021—2030年支持新型显示产业发展进口税收政策的通知》（财关税〔2021〕19号）涉及的政策管理办法予以公告明确。

（6）《财政部 海关总署 税务总局关于"十四五"期间中西部地区国际性展会展期内销售的进口展品税收优惠政策的通知》（财关税〔2021〕21号）

主要内容：对中国—东盟博览会等9类展会，在展期内销售的免税额度内的进口展品免征进口关税和进口环节增值税、消费税，但不包括国家禁止进口商品、濒危动植物及其产品、烟、酒、汽车以及列入《进口不予免税的重大技术装备和产品目录》的商品。

政策解读：该政策旨在促进"十四五"期间中西部地区国际性展会展期内的销售。

（7）《财政部 海关总署 税务总局关于"十四五"期间能源资源勘探开发利用进口税收政策的通知》（财关税〔2021〕17号）

主要内容：对于我国陆上特定地区进行石油（天然气）勘探开发作业的自营项目，进口国内不能生产或性能不能满足需求的，并直接用于勘探开发作业的设备、仪器、零附件、专用工具等4类产品，予以免征进口关税，或同时免征进口增值税；对经国家发改委核（批）准建设的跨境天然气管道等3类产品，按照一定比例返还进口环节增值税。

政策解读：该政策对符合规定条件的进口货物给予免征进口税和进口环节增值税优惠政策，旨在完善我国能源产供储销体系，加强国内油气勘探开发，支持天然气进口利用。

（8）《财政部等六部门关于"十四五"期间能源资源勘探开发利用进口税收政策管理办法的通知》（财关税〔2021〕18号）

主要内容：以概括的方式规定以印发以下清单或名单的方式来确定适用此次进口税收优惠的主体，包括自然资源部作为石油（天然气）、煤层气地质调查工作有关项目的项目主管单位等。

政策解读：该政策是对《财政部 海关总署 税务总局关于"十四五"期间能源资源勘探开发利用进口税收政策的通知》（财关税〔2021〕17号）涉及的政策管理办法

予以公告明确。

（9）《财政部　海关总署　税务总局关于"十四五"期间支持科技创新进口税收政策的通知》（财关税〔2021〕23号）

主要内容：对科学研究机构、技术开发机构、学校、党校（行政学院）、图书馆进口国内不能生产或性能不能满足需求的科学研究、科技开发和教学用品，免征进口关税和进口环节增值税、消费税。对出版物进口单位为科研院所、学校、党校（行政学院）、图书馆进口用于科研、教学的图书、资料等，免征进口环节增值税。

政策解读：该政策旨在于"十四五"期间深入实施科教兴国战略、创新驱动发展战略，支持科技创新，给予相应的进口税收政策优惠与扶持。

（10）《财政部等十一部门关于"十四五"期间支持科技创新进口税收政策管理办法的通知》（财关税〔2021〕24号）

主要内容：以概括的方式规定以印发以下清单或名单的方式来确定适用此次进口税收优惠的主体，包括科技部核定从事科学研究工作的中央级科研院所名单等。

政策解读：该政策是对《财政部　海关总署　税务总局关于"十四五"期间支持科技创新进口税收政策的通知》（财关税〔2021〕23号）涉及的政策管理办法予以公告明确。

（11）《财政部　海关总署　税务总局关于"十四五"期间进口科学研究、科技开发和教学用品免税清单（第一批）的通知》（财关税〔2021〕44号）

主要内容：对"十四五"期间进口科学研究、科技开发和教学用品的第一批免税清单（见附件）予以公布明确。

政策解读：该政策是对《财政部　海关总署　税务总局关于"十四五"期间支持科技创新进口税收政策的通知》（财关税〔2021〕23号）和《财政部　中央宣传部　国家发展改革委　教育部　科技部　工业和信息化部　民政部　商务部　文化和旅游部　海关总署　税务总局关于"十四五"期间支持科技创新进口税收政策管理办法的通知》（财关税〔2021〕24号）涉及的第一批免税名单予以公布和落实。

（12）《财政部　海关总署　税务总局关于"十四五"期间种子种源进口税收政策的通知》（财关税〔2021〕29号）

主要内容：该政策规定自2021年1月1日至2025年12月31日，对符合《进口种子种源免征增值税商品清单》的进口种子种源免征进口环节增值税。

政策解读：该政策旨在提高我国农业质量效益和竞争力，支持引进和推广良种。

（13）《商务部　发展改革委　财政部　海关总署　税务总局　市场监管总局关于扩大跨境电商零售进口试点、严格落实监管要求的通知》（商财发〔2021〕39号）

主要内容：将跨境电商零售进口试点扩大至所有自贸试验区、跨境电商综试区、综合保税区、进口贸易促进创新示范区、保税物流中心（B型）所在城市（及区域）。

政策解读：2018年11月，商务部等六部门出台跨境电商零售进口监管政策，在北京等37个城市试点运行。2020年进一步扩大至86个城市及海南全岛。此次再扩大试点范围，体现了国家对跨境电商新业态发展的支持。

（14）《科技部　财政部　海关总署　税务总局　关于印发〈科研院所等科研机构免税

进口科学研究、科技开发和教学用品管理细则〉的通知》(国科发政〔2021〕270号)

主要内容：该政策规定了符合条件的科研院所等科研机构向举办部门（单位）提出免税资格申请，并办理进口科学研究、科学开发和教学用品等减免手续的流程。

政策解读：该政策旨在落实《财政部 海关总署 税务总局关于"十四五"期间支持科技创新进口税收政策的通知》(财关税〔2021〕23号)、《财政部 中央宣传部 国家发展改革委 教育部 科技部 工业和信息化部 民政部 商务部 文化和旅游部 海关总署 税务总局关于"十四五"期间支持科技创新进口税收政策管理办法的通知》(财关税〔2021〕24号)要求，加强和规范对科研院所等科研机构免税进口科学研究、科技开发和教学用品的管理。

（15）《财政部 海关总署 税务总局关于调整海南自由贸易港自用生产设备"零关税"政策的通知》(财关税〔2022〕4号)

主要内容：通知增列旋转木马、秋千及其他游乐场娱乐设备等文体旅游业所需的生产设备；全岛封关运作前，对海南自由贸易港注册登记并具有独立法人资格的事业单位进口财关税〔2021〕7号文件和上述规定范围内的自用生产设备，按照财关税〔2021〕7号文件规定免征关税、进口环节增值税和消费税。

政策解读：该政策将进一步释放政策效应，支持海南自由贸易港建设。

（16）《财政部 海关总署 税务总局关于陆路启运港退税试点政策的通知》(财税〔2022〕9号)。

主要内容：对符合条件的出口企业从启运地（以下称启运港）启运报关出口，由中国国家铁路集团有限公司及其下属公司承运，从铁路转关运输直达离境地口岸（以下称离境港）离境的集装箱货物，实行启运港退税政策；同时明确了本政策适用范围与办理流程。

政策解读：此次陆路启运港退税试点政策是国家实施的首个陆路启运港退税政策，是对原水路启运港退税政策的重大突破。该政策的实行将帮助企业节约办理退税时间，提高资金使用效率，减少企业资金压力；同时，助推广西加快完善西部陆海新通道服务功能，融入国内国际双循环新发展格局。

（17）《税务总局等十部门关于进一步加大出口退税支持力度 促进外贸平稳发展的通知》(税总货劳发〔2022〕36号)

主要内容：要求强化出口信用保险与出口退税政策衔接，完善加工贸易出口退税政策，挖掘离境退税政策潜力；要求大力推广出口业务"非接触"办理，持续精简出口退税环节报送资料，积极推行出口退税备案单证电子化，大幅提升出口退税智能申报水平，不断提高出口退税办理质效，进一步提高出口货物退运通关效率，优化简化出口退税事项办理流程；要求帮助企业提高出口业务办理效率，支持跨境电商健康持续创新发展，引导外贸综合服务企业健康成长，加强信息共享引导企业诚信经营，积极营造公平公正的营商环境。

政策解读：该政策能够进一步加大助企政策支持力度，进一步提升退税办理便利程度，进一步优化出口企业营商环境。

（18）《国家税务总局关于进一步便利出口退税办理 促进外贸平稳发展有关事项的

公告》（国家税务总局公告2022年第9号）

主要内容：政策要求完善出口退（免）税企业分类管理，优化出口退（免）税备案单证管理，完善加工贸易出口退税政策，精简出口退（免）税报送资料，拓展出口退（免）税提醒服务，简化出口退（免）税办理流程，简便出口退（免）税办理方式，完善出口退（免）税收汇管理。

政策解读：该政策能够进一步助力企业纾解困难，激发出口企业活力潜力，更优打造外贸营商环境，更好促进外贸平稳发展。

（19）《国家税务总局关于阶段性加快出口退税办理进度有关工作的通知》（税总货劳函〔2022〕83号）

主要内容：政策要求阶段性加快出口退税进度，税务部门办理一类、二类出口企业正常出口退（免）税的平均时间，压缩在3个工作日内。到期将视外贸发展和实际执行情况，进一步明确办理时间要求；要求做好宣传解读和纳税人辅导工作，加强一线人员培训，开展政策精准推送，做好纳税人宣传辅导；要求各部门提高思想认识，加强组织领导，加强工作统筹，确保快退税款，加强风险防控，加大打骗力度，强化内部监督，严查问题风险，主动接受监督、听取各方意见，持续广泛宣传，营造良好氛围。

政策解读：该政策旨在深入贯彻党中央、国务院关于进一步稳外贸稳外资的决策部署，不折不扣落实国务院常务会议关于对信用好的企业阶段性加快出口退（免）税办理进度的要求，促进外贸保稳提质，提升对外开放水平。

（20）《财政部　海关总署　税务总局关于国家综合性消防救援队伍进口税收政策的通知》（财关税〔2023〕17号）

主要内容：政策要求对国家综合性消防救援队伍进口国内不能生产或性能不能满足需求的消防救援装备，免征关税和进口环节增值税、消费税；由财政部会同海关总署、税务总局、国家消防救援局、工业和信息化部根据消防救援任务需求和国内产业发展情况制定《消防救援装备进口免税目录》，并适时调整。

政策解读：该政策旨在全力支持我国综合性消防救援队伍建设，同时方便国家消防救援局每年对上一季度政策执行情况进行总结评估，汇总分析进口装备货值和免税额、政策执行效果、存在问题等，并对主要进口装备分类、分单位进行统计，汇总成报告上报财政部，抄送海关总署、税务总局。

（21）《财政部　生态环境部　商务部　海关总署　税务总局关于在有条件的自由贸易试验区和自由贸易港试点有关进口税收政策措施的公告》（财政部　生态环境部　商务部　海关总署　税务总局公告2023年第75号）

主要内容：政策明确规定了，关于暂时出境修理，对在海南自由贸易港注册登记具有独立法人资格的企业运营的相关航空器、船舶，暂时出境修理后复运进入海南自由贸易港，照章征收进口环节增值税和消费税。

关于暂时进境修理，在海南自由贸易港特殊监管区域内，对企业自公告实施之日起自境外暂时准许进入试点区域进行修理的货物，复运出境的免征关税、进口环节增值税和消费税。

关于暂时进境货物，对自境外暂时进入自由贸易试验区和海南自由贸易港的相关货物，在进境时纳税义务人向海关缴纳相当于应纳税款的保证金或者提供其他担保的，可以暂不缴纳关税、进口环节增值税和消费税。

政策解读：该政策旨在贯彻落实国务院印发的《关于在有条件的自由贸易试验区和自由贸易港试点对接国际高标准推进制度型开放的若干措施》（国发〔2023〕9号）相关要求，明确了在有条件的自由贸易试验区和自由贸易港试点有关进口税收政策措施。

附录2　信用证的基本格式

详细内容请扫描二维码。

附录3　外贸业务中常用的英语口语

详细内容请扫描二维码。

参考文献

[1] 赵静敏. 探析新版国际贸易术语解释通则（INCOTERMS 2020）[J]. 对外经贸，2020（5）：21-24.

[2] 陶然. 信用证结算方式在出口业务结算中的风险与防范[J]. 上海商业，2022（6）：208-210.

[3] 向平. 商务汉语综合教程[M]. 北京：对外经济贸易大学出版社，2010.

[4] 樊晓云. UCP600下相符交单新涵义的标准解析[J]. 对外经贸实务，2011（10）：50-52.

[5] 袁荣豪. 进出口许可证管理货物目录新变化[J]. 中国海关，2022（03）：36-37.

[6] 陈翼. 国际贸易结算风险防范策略探析[J]. 中国储运，2021（12）：96-97.

[7] 莫爱纯. 论生产企业"免、抵、退"税计算方法[J]. 中国小企业，2021（12）：186-188.

[8] 李安莎. 浅谈"互联网+"对中国传统外贸的影响[J]. 全国商情，2016（15）：24-25.

[9] 何江，钱慧敏. 我国跨境电子商务发展研究：回顾与展望[J]. 科技管理研究，2017（17）：213-220.

[10] 杨晋峰. "互联网+"对我国对外贸易竞争新优势的影响及对策[J]. 时代经贸，2022（6）：71-73.